北大版对外汉语教材·短期培训系列

原版教材参编人员

主　　编　郭志良
副 主 编　杨惠元　高彦德
英文翻译　赵　娅
插　　图　张志忠

《速成汉语初级教程·综合课本》修订版

速成汉语基础教程
Speed-up Chinese

郭志良　杨惠元　主编

· 综合课本 ·
An Integrated Textbook

4

北京大学出版社
PEKING UNIVERSITY PRESS

图书在版编目(CIP)数据

速成汉语基础教程. 综合课本. 4 / 郭志良,杨惠元主编. —北京:北京大学出版社,2007.9

(北大版对外汉语教材·短期培训系列)

ISBN 978-7-301-12725-4

Ⅰ. 速… Ⅱ. ①郭…②杨… Ⅲ. 汉语—对外汉语教学—教材 Ⅳ. H195.4

中国版本图书馆 CIP 数据核字(2007)第 139383 号

书　　　名:	速成汉语基础教程·综合课本　4
著作责任者:	郭志良　杨惠元　主编
责 任 编 辑:	沈岚
标 准 书 号:	ISBN 978-7-301-12725-4 / H·1838
出 版 发 行:	北京大学出版社
地　　　址:	北京市海淀区成府路 205 号　100871
网　　　址:	http://www.pup.cn
电 子 信 箱:	zpup@pup.pku.edu.cn
电　　　话:	邮购部 62752015　发行部 62750672　编辑部 62752028
	出版部 62754962
印 刷 者:	北京宏伟双华印刷有限公司
经 销 者:	新华书店
	787 毫米 × 1092 毫米　16 开本　11.75 印张　285 千字
	2007 年 9 月第 1 版　2020 年 1 月第 5 次印刷
定　　　价:	38.00 元

未经许可,不得以任何方式复制或抄袭本书之部分或全部内容。
版权所有,侵权必究

作者简介

郭志良，北京语言大学教授，河北青龙县人，1938年生，1964年毕业于河北北京师范学院中文系。郭志良教授长期从事对外汉语教学工作，多次出国任教，有着丰富的教学经验和教材编写经验。他的研究方向为汉语言文字学，曾在《中国语文》、《汉语学习》、《语言教学与研究》、《世界汉语教学》等核心刊物发表有关汉语语法和词汇研究的论文十几篇，出版专著《现代汉语转折词语研究》(国家教委人文社会科学研究项目，北京语言文化大学出版社，1996)，主编《速成汉语初级教程综合课本》1-4册（北京语言文化大学出版社，1996)，参与编写《中国语会话初阶》、《普通话初步》、《初级口语》、《现代汉语教程》、《汉语同义词词典》等多部教材和工具书。郭志良教授1998年退休后仍然潜心研究，笔耕不辍，并有新作问世。

杨惠元，1945年生，北京语言大学教授，研究方向为对外汉语教学。30多年来，他始终在教学第一线边教学边研究，积累了丰富的教学经验，特别是听说教学方面，教学效果明显并形成了自己独特的教学风格。他曾出版专著《听力训练81法》（现代出版社，1988)、《汉语听力说话教学法》（北京语言文化大学出版社，1996)、《课堂教学理论与实践》(北京语言文化大学出版社，2007)，主编《速成汉语初级听力教程》，参与编写《现代汉语教程》、《听力理解》、《速成汉语基础教程综合课本》、《实用英汉词典》等多部教材和工具书，发表论文四十多篇。杨惠元教授1993年和1995年被评为北京市优秀教师，2002年被评为全国对外汉语教学优秀教师，2003年荣获北京市高等学校教学名师称号。

高彦德，男，山东沂南县人，毕业于北京大学东语系。北京语言大学研究员，曾任北京语言大学校长助理，继续教育学院与网络教育学院院长，先后在北京语言大学从事教学及教学管理工作达20年。在国外从事翻译及汉语教学工作（包括海外办学）达16年。受学校派遣，赴韩国首尔建立了北京语言大学驻韩办事处，并于1997年创办北京语文学院，任中方校长并兼任教学工作。2005年至2008年任北京语言大学（泰国）曼谷学院中方院长，并承担教学任务。由于工作地点及工作任务的变动，研究方向也由原来的对外汉语教学（翻译方向）逐渐转为成人高等教育教学管理。先后以合作形式（任主编或副主编）出版汉语教材3部，译著数篇（约70万字）；承担国家汉办大型课题研究项目一个（合作出版35万字的论著一部，该著作曾获当年北京市社科类一等奖，教育部社科类三等奖）；自1999年开始，先后发表数篇有关成人高等教育心理学系列研究论文，其中三篇曾分获北京市成人高等教育学会一、二等奖。

修订版前言

《速成汉语基础教程·综合课本》是《速成汉语初级教程·综合课本》的修订版。在修订过程中,我们保持原教材的优势和特色:

1. 全书共出词语 3600 多个,基本涵盖了《汉语水平词汇与汉字等级大纲》中的甲乙两级词汇,另有一部分丙级词和超纲词,因此,使用本教程的学生通过 HSK 考试的等级较高。

2. 原教材筛选和安排了贴近学生生活、学了就能用的话题,这样的内容学生喜欢学,愿意学。课文语言自然流畅,风趣幽默,能够引起学生的学习兴趣,激发他们的学习积极性。

3. 原教材语法点的讲解基本采用归纳法,课文编写不受语法点的绝对控制,允许冒出新的语法点。多年的教学经验证明,对成年人的汉语教学,首先使他们对各种语言现象形成真切的感性认识,到一定阶段再进行归纳总结,帮助他们上升到理性认识,才符合第二语言教学的规律。

4. 原教材设计的练习大都紧紧围绕课文和当课的语法点,针对当课的重点和难点,能够很好地为教师备课、组织课堂教学、对学生进行语言技能和语言交际技能的训练服务。

原教材使用了十多年,我们也发现一些问题,如有的内容老化过时,有的练习显得臃肿,有的语法点解释过于烦琐等。这次修订,我们做的主要工作有:

1. 为学生使用方便,把原教材的四册拆分为八册。本教程是为短期班零起点的外国学生编写的基础汉语教材。原教材 80 课共四册,每册 20 课,课本厚,内容多,学生短期内学不完,所以不适合短期班学生选择使用。修订后每册10课，便于教学单位根据学生实际水平灵活选用。学生能够在短期内学完一册课本，也会很有成就感和满足感。

2. 与时俱进，替换了部分课文。原教材中有些过时的内容都已撤换。另外增加了一些新鲜的词语，如"网吧"、"上网"、"手机"、"短信"、"数码相机"、"MP3"、"电子邮件"等等。

3. 压缩了部分练习。原教材的练习丰富有效，但是受教学时间的限制，课上不能全部完成，短期学生又不宜留过多的家庭作业，因此我们精简了练习项目，有些内容移到了与之配套的《速成汉语基础教程·听说课本》中。

4. 精简了语法点的注释。为贯彻"强化词语教学，淡化句法教学"的原则，考虑到短期学生不一定掌握系统的语法，我们把原教材中过于烦琐的语法注释删去，以便于教师讲解和学生记忆。

修订这套教材，我们总的指导思想是：以语音、词汇、语法、汉字等语言要素的教学为基础。通过课堂教学，帮助学生把语言要素转化为语言技能，进而转化为语言交际技能。为此，我们提出以下教学建议：

1. 由于语音是学生语言能力的门面，也是对外汉语教学的难点之一，我们保留了前10课，作为语音集中教学阶段，同时在各课中仍然进行分散的语音训练。希望教师根据学生的发音问题，有选择、有重点、自始至终地加强语音训练。

2. 第一册的重点虽然是语音训练，但教师在突出听说训练的同时，也要重视汉字的认读和书写练习，帮助学生打好汉字基础。

3. 自第二册到第八册，重点是词汇教学。每课生词表里的生词包括课文的生词和练习的生词。两部分生词同等重要。在教学中，希望教师带领学生完成课后的所有练习，并且重视词语的搭配和活用，帮助学生掌握好词语的音、形、义、用。

4. 语法讲解不追求系统性，力求简单明了，从结构入手，重视语义和语用功能的说明。教师可通过图片、动作、影像等各种直观手段展示语法点，再进行机械练习，最后落实到活用上，使学生置身于语言交际的情境中，而不是语法术语和概念中。

5.课文以话题为中心，为学生提供交际的模式。第一至第四册重点是有关学习、生活方面的交际，从第五册开始逐渐向社会交际过渡，增加介绍中国国情、中国人的观念习俗等文化方面的内容。教师要尽量引导学生以课文为模式，说他们自己想说的话，以此训练学生的思维能力，开发他们的语言潜能，提高交际能力。

6.教师可采用任务教学法，给学生布置各种交际任务，多组织课堂活动，要求学生使用语言完成交际任务，在使用中学习语言，在交际中学习语言，强化他们学习语言的成就感，激发他们的学习积极性。

《速成汉语基础教程·综合课本》的主编为郭志良和杨惠元，在本教程的修订过程中，张志忠先生修改了部分插图，赵娅修改了部分语法注释的英文翻译，罗斌翻译了前言。

编 者

Preface for the Revised Version

Speed-up Chinese: An Integrated Textbook is the revised version of *Chinese Crash Course* with the following advantages and features reserved:

1. With a vocabulary over 3,600, the book covers the 1st degree and 2nd degree words required by *Syllabus of Chinese Words and Characters*. Words of the 3rd degree and higher are included as well. After learning this course, students are expected to pass the advanced level of HSK.

2. The materials we use are student-centered. The unrevised version provides students with materials from daily life, which can be put into practice immediately after the class. In this way, we believe students would be highly motivated in their language acquisition.

3. We apply inductive method to elaborate the grammar points. We have briefly dealt with the most frequently used grammatical rules and explained them in as non-technical a way as possible. New grammar points are not strictly confined to certain text since long-year teaching experience shows that for adult-learners, a general impression for the language will help them form a stronger foundation for their language learning.

4. The exercises are closely related to the text. The key grammar points are highlighted in the exercises. It is designed to assist teachers to organize in-class activities and consolidate the students' in-class acquisition.

The unrevised version has been in use for over ten years. Great changes have been taken place in the world and also in Chinese language. To make the textbook adapt to the changes, we revise the book. For this revision, our main focus is:

1. For the learners' convenience, we divide the original four volumes into eight. The revised version targets at short-term beginners. The unrevised version includes 80 lessons distributed in four volumes, with each having 20 lessons. While the revised version has 10 lessons for each volume, it can better

suit the needs of short-term beginners.

2. We keep our pace with the times and update the materials. New words, such as Internet café, surf online, cell-phone, text messages are added into the revised version.

3. We remove some of the exercises. The exercises in the unrevised version are affluent. In considering the short learning span, we cut some exercises to suit the short-term learners' needs. A portion of the exercises is transferred to the *Speed-up Chinese: Listening and Speaking.*

4. We simplify the notes and explanations for grammar points. For beginners, emphasis should be put on vocabulary rather than the sentence. We remove some lengthy and complex notes and simplify the explanation to meet the requirements of learners.

Our guideline for the revision is to integrate phonetics, vocabulary, grammar and characters into the textbook and by the designed in-class activities, learners are able to transfer what is in the text into daily use and hence they can improve their language skills. To achieve this goal, we propose the following suggestions for teachers:

1. Pronunciation is a key to language learners' learning and communication success outside the classroom. Accordingly, we reserve the first ten lessons with the focus on pronunciation drills. Pronunciation drills are also distributed in each lesson. We hope that teachers can pay continuous attention to students' pronunciation.

2. Though the first volume focuses on pronunciation drills, Chinese characters should also be involved in class. Teachers should help the students lay a good foundation of Chinese characters.

3. From the second volume to the eighth, the emphasis is on vocabulary. The vocabulary glossary in each lesson includes new words in the text and exercises. Teachers are expected to guide students to finish the exercise;

meanwhile, the collocation and variation of the words should also be emphasized.

4. Teachers are expected to deal with the most frequently used grammatical rules and explained them in as non-technical a way as possible. To achieve this, multi-media assistance, like pictures, body language and videos, can be used in class. In this way, students can be immersed in the language rather than lost in the grammatical jungle.

5. The texts are topic-centered and provide students with communication drills. Volume one to volume four is mainly about campus life. From volume five on, more social talks about Chinese culture, customs and ideas are involved. Teachers are expected to focus on the text and try to open students' mouths, improve their language ability and cultivate their language-learning potential.

6. Teachers can apply task-based approach in class and assign different communication tasks to students. More in-class activities are strongly suggested. Hence, students are able to learn the language through communication and could be motivated by using the language.

Speed-up Chinese: An Integrated Textbook is chiefly-edited by Guo Zhiliang and Yang Huiyuan. Mr. Zhang Zhizhong revised some of the pictures, Zhao Ya revised the English grammar notes and Luo Bin translated the English preface.

Compilers

原版前言

《速成汉语初级教程·综合课本》是为短期班零起点的外国学生编写的初级汉语主体教体（也可供长期班零起点的外国学生使用），教学时间为一个学期（20周），要求学生基本达到国内基础汉语教学一学年所达到的汉语水平。

速成教学时间短，要求高，只有实行"强化+科学化"的教学，才能成为最优化的教学。我们认为，速成教学总体构想应该是：以掌握话题内容为教学的最低目的，以掌握话题模式为教学的最高目的，以掌握语法、功能为实现教学目的的重要条件，以紧密结合语法、功能的形式多样的大量练习为实现教学目的的重要条件，以紧密结合语法、功能的形式多样的大量练习为实现教学目的的具体措施和根本保障。因此，本教材的总体构想是：以话题为中心，以语法、功能为暗线，以全方位的练习项目为练习主体。

教材具体安排如下：共编80课，语音教学贯彻始终。1~10课突出语音（声母、韵母、声调），不涉及语法和功能；11~80课侧重于语法和功能，兼顾语音（难音、难调、词重音、句重音、语调等）。

编写课文时，我们慎重筛选和安排话题。有关生活、学习、交际方面的内容先出，有关介绍中国国情、中国人的观念习俗的文化内容后出。其中，介绍中国国情的内容，以反映社会积极因素为主，但也有个别课文内容是反映社会消极因素的，目的在于避免脱离的实际，防止产生误导效应。课文内容的确定，均受一定语法点的制约，但又不能捆得过死，注重语言的顺畅和趣味。篇幅逐渐过长，但最长的一般不超过500字。

共出生词 3400 多个（专名未计算在内）。注音，基本上以社科院语言研究所词典编辑室所编《现代汉语词典》为依据，极个别的参考了汉语水平等级标准研究小组所编《词汇等级大纲》。词性，主要参考冯志纯等主编《新编现代汉语多功能词典》。每课生词平均 43 个左右，只要求学生掌握本课重点词语。

语法点的选取主要依据汉语水平等级标准研究小组所编《语法等级大纲》。教材中涉及到的语法点，甲级的除少数外，全部出齐，乙级的出了大部分，丙级的也选取了一些。我们对少数语法点进行了调整，扩大了趋向补语、结果补语以及主谓谓语句的范围，增加了状态补语和物量补语。语法难点，分散出。对课文中出现的语法点，我们采取分别对待的处理方法；重点的，注释略多些；次重点的，注释从简；非重点的不注，如连动句、兼语句等。语法点，不是见一个注一个，基本上采取归纳法，并注意说明使用条件。

共选取 100 多个功能项目。这些功能项目都是学生最常见、最急用的。对这些功能项目也采取归纳法，而且是在逢五、逢十的课中归纳。所归纳的功能项目只具有提示作用，在句型、句式上不求全，教员上课时可根据教学实际情况适当补充。

我们所设计的练习项目是为教师备课、组织课堂教学、对学生进行技能训练服务的，说到底，是为提高学生的交际能力服务的。为此，我们采用了语音、词语、句型、功能、成段表达、篇章模式、阅读训练一条龙的练习方法。这些练习项目为帮助学生打好语音基础、实现从单句表达到成段的平稳过渡提供了可靠的保障。教员可根据教学实示情况适当增减。

我们的教材编写工作一直是在院领导的具体指导下，在校领导和国家对外汉语教学领导小组办公室的大力支持下，在院内同志的热情帮助下进行的。没有上上下下的通力合作，这套教材是编不出来的。

在教材编写过程中,我们召开过院内专家咨询会、校内专家咨询会,参加过合肥教材问题讨论会。与会专家对我们的教材初稿提出了许多宝贵意见,使我们修改工作有了准绳。

在编写课文时,我们参考了校内外的有关教材,如韩鉴堂编《中国文化》、赵洪琴编《汉语写作》、刘德联等编《趣味汉语》、吴晓露主编《说汉语学文化》、潘兆明主编《汉语中级听力教程》、吕文珍主编《五彩的世界》等,从中受益匪浅。

在此,我们谨向有关领导、专家、同行和所有直接或间接帮助过我们的同志表示衷心的感谢。

限于水平,教材的缺点和错误在所难免,恳望使用者给予批评指正。

编者　1995 年 12 月

Preface for the First Version

A Short Intensive Elementary Chinese Course is a main Chinese language course book designed for foreigners at elementary level in short term classes. It can, however, also be used for long term classes. The course covers one semester (20 weeks) in which time the student should reach the basic level it takes a foreign student one year to achieve while studying in China.

Although short term teaching time is limited, it demands a high standard of teaching. Only if the teaching is based on an Intensive and Methodical approach can excellent be achieved in a short term course. We believe that the basic principles underlying the conception of short term teaching should be: firstly, that the minimum teaching aim is the mastery of topic contents; secondly, that the maximum teaching aim is the mastery of topic paradigms; thirdly, that the most important condition for accomplishing the teaching aim is the mastery of grammar and functions; and lastly, that a large number of varied exercises combined closely with grammar and functions should be considered as a concrete and essential part of teaching. Thus, the overall design of the book takes the text as a core, grammar and functions as an underlying framework while a varied selection of exercises provide the main body of material.

The book consists of 80 texts and the teaching of pronunciation is pursued till the end of the course. Lessons 1 to 10 deal with pronunciation (vowels, initial consonants and tones) and not with grammar or functions. These are dealt with in Lessons 11 to 80 which also contain some pronunciation (difficult cases, tones, word stress, sentence stress and intonation).

While compiling the texts we selected and arranged topics carefully. Topics covering day-to-day life, studies and communication come first and are followed by topics centering on the situation in China and about the Chinese people's culture, concepts and customs. Concerning the latter, stress is laid on the positive aspects of the society, although some texts also reflect the more negative aspects. This is so as not to lose contact with reality which could lead to the misunderstanding. The content of the texts is necessarily restricted by grammar, but this should not imply a total confinement and the language should read smoothly and interestingly. The length of texts is extended progressively, the longest one nevertheless consisting of less than 500 words.

The course introduces more than 3400 words (excluding the proper nouns). Phonetic notations are almost all based on the **Contemporary Chinese Dictionary** edited by the Editorial Division of the Linguistic Research Institute of the Academy of Social Sciences and a handful come from **An Outline of Vocabulary Grades** edited by the Chinese Language Level Grading System Research Group. Parts of the speech are based mainly on **The Newly Compiled Modern Chinese Multiple Functional Dictionary** edited by Feng Zhichun and so on. Each text consists of about 43 items of vocabulary of which the student is required to master the main words and phrases.

Grammar points have been selected mainly according to **An Outline of Grammar Grades** edited by the Chinese Language Level Grading System Research Group. Except for the grammar on decimals all the items in the grading system that deal with basic grammar have been selected and most items dealing with less frequently used grammar have also been included. We have adjusted some of the grammar points, and extended the scope of others, such as the Complement of Direction, the Complement of Result and the Sentence with a Subject-Predicate Phrase as a predicate. We have also added items on the Complement of State and the Complement of Numeral-Measure. We have dispersed difficult points among texts and dealt with the points of each lesson in different ways. More explanations are given to the important points, simplified explanations are give to the less important points and there are no explanations for the unimportant points such as the Sentence with

Verbal Constructions in Series, the Pivotal Sentence and so on. The inductive method has been used mainly in explaining the points and attention has been given to explanations on how to use them in speech and writing.

More than 100 functional items have been incorporated, all of which are extremely useful and practical to students. These items have been summarised every fifth lesson although only in the form of notes. Sentence constructions have not been thoroughly perfected which allows for teachers' own supplementation according to their individual teaching practice.

The exercises have been designed to be used for teachers' class preparation and lesson plans as well as for student practice of different skills. In the long run they will help to improve students' communication skills. It is with this approach in mind that we have created a new series of exercises covering the following items: pronunciation, words and phrases, sentence constructions, functions, widening means of expression, composition writing, and reading exercises. These are the most essential items for the laying of a solid foundation in pronunciation and communication skills. The number of items may be increased or reduced according to teaching methods.

This book has been compiled from start to finish under the concrete guidance of our University leaders and with the full support of our University leadership and that of the Leading Group Office of Teaching Chinese Language to Foreigners in China, as well as with the warm help of the comrades in our University without whom this book could not have been published.

While compiling the course we consulted the experts of our University and attended the seminar in Hefei on teaching material issues. The experts in this seminar offered us many helpful suggestions witch proved very useful to the drafting of this amendment.

While compiling the book we consulted many works and learned a lot from them. These works include: **Chinese Culture** edited by Han Jiantang,

Chinese Writing edited by Zhao Hongqin, **Interesting Chinese** edited by Liu Delian and so on, Speaking Chinese and Learning the Culture compiled by the chief editor Wu Xiaolu, **A Course of Listening Comprehension of Intermediate Chinese** compiled by the chief editor Pan Zhaoming, **The Colourful world** compiled by the chief editor lü Wenzhen.

We would hereby like to express our sincere thanks to those who have given us direct or indirect assistance.

In the event of errors having been overlooked, we earnestly invite the users of this bood to put forward their criticism and suggestions.

Compilers
December, 1995

CONTENTS

第一课　我在看通知呢 1
一　课文　Text 1
二　生词　New words 3
三　练习　Exercises 5
四　语法　Grammar 11
五　附录　Appendix 13

第二课　下星期六我一定去 14
一　课文　Text 14
二　生词　New words 16
三　练习　Exercises 18
四　语法　Grammar 26

第三课　她去过许多地方 29
一　课文　Text 29
二　生词　New words 31
三　练习　Exercises 34
四　语法　Grammar 40
五　注释　Notes 42

第四课　戒　烟 43
一　课文　Text 43
二　生词　New words 45
三　练习　Exercises 47
四　语法　Grammar 56

第五课　味道好极了 59
一　课文　Text 59
二　生词　New words 61
三　练习　Exercises 64
四　语法　Grammar 70
五　附录　Appendix 72

第六课　这是第一次吃蛇肉 74
一　课文　Text 74
二　生词　New words 76
三　练习　Exercises 78
四　语法　Grammar 84

第七课　我们家是四世同堂 86
一　课文　Text 86
二　生词　New words 88
三　练习　Exercises 91
四　语法　Grammar 95
五　附录　Apendices 96

第八课　我们俩完全平等 —— 100
一　课文　Text —— 100
二　生词　New words —— 102
三　练习　Exercises —— 104
四　语法　Grammar —— 110

第九课　去友谊医院怎么走 —— 112
一　课文　Text —— 112
二　生词　New words —— 114
三　练习　Exercises —— 117
四　语法　Grammar —— 123

第十课　过两天就可以出院 —— 125
一　课文　Text —— 125
二　生词　New words —— 127
三　练习　Exercises —— 129
四　语法　Grammar —— 136

练习参考答案　Key to exercises —— 137

词汇总表　Vocabulary list —— 145

语法索引（第1册—第4册）
Index of grammar (Book1—Book4) —— 164

第一课
我在看通知呢

 课文　Text

宿舍楼里新贴出这样两个通知：

文化讲座	中国歌曲学习班招生通知
中国文化历史悠久，富有特色。由陈文山教授主讲的《中国文化讲座》将向您系统地介绍中国文化，欢迎参加。 　　时间：8月19日—23日　每天下午2:00—4:00 　　地点：教学楼101教室 　　　　　　速成学院留学生办公室 　　　　　　　　2007年8月18日	我院聘请文化学院高英老师从下周起教唱中国歌曲，欢迎同学们参加。 　　共14周，每周一次，每次两小时，星期五下午2:00—4:00。 　　每小时20元人民币 　　报名地点：教学楼312房间。 　　　　　　速成学院留学生办公室 　　　　　　　　2007年8月18日

（丁兰、艾米从楼上走下来，看见贝拉正站在一层大厅里）

艾　米：贝拉，我们到处找你，原来你在这儿呢。

丁　兰：你在看什么呢？

贝　拉：我在看通知呢。

丁　兰：你想参加哪个班哪？

贝　拉：我想听听文化讲座。艾米，咱们一起报名参加，怎么样？

艾　米：我已经报名参加歌曲班了。

丁　兰：听说艾米很喜欢唱歌，而且还有个好嗓子。

艾　米：我是很喜欢唱歌，可是嗓子不太好。

丁　兰：还挺谦虚呢。

艾　米：跟中国朋友学的。

贝　拉：哎，你们找我有什么事啊？

艾　米：请你跟我们一起出去吃晚饭。

贝　拉：外边在下雨呢。

丁　兰：没关系，我已经带上伞了。

贝　拉：你们瞧，这雨下大了。咱们还去吗？

艾　米：当然去。你知道这样一句诗吗？"冒雨去吃饭，生活多浪漫！"

贝　拉：不知道。这诗是哪位诗人写的？

艾　米：远在天边，近在眼前。

第一课　我在看通知呢

生词　New words

1.	讲座	（名）	jiǎngzuò	lecture
2.	悠久	（形）	yōujiǔ	long, age-old
3.	富有	（动、形）	fùyǒu	be rich in; rich, wealth
4.	特色	（名）	tèsè	characteristic, distinguishing feature
5.	由	（介）	yóu	from, to, because of, by
6.	主讲	（动）	zhǔjiǎng	to give a lecture
7.	将	（副）	jiāng	to be going to, will, shall
8.	系统	（形、名）	xìtǒng	systematic; system
9.	地点	（名）	dìdiǎn	place, site
10.	招生		zhāo shēng	to enroll new students
11.	院	（名）	yuàn	college, yard, hospital
12.	聘请	（动）	pìnqǐng	to invite
13.	共	（副）	gòng	in all, altogether
14.	报名		bào míng	to sign up, to enter one's name
15.	原来	（副、形）	yuánlái	originally, formerly; original
16.	在	（副）	zài	at
17.	哪	（助）	na	(a modal particle)
18.	而且	（连）	érqiě	and, but also
19.	挺	（副）	tǐng	quite, rather, very
20.	谦虚	（形）	qiānxū	modest
21.	哎	（叹）	āi	(an exclamation)

3

22. 啊	（助）	a	(a modal particle)	
23. 伞	（名）	sǎn	umbrella	
24. 诗	（名）	shī	poem	
25. 冒	（动）	mào	to risk, to brave, to emit	
26. 浪漫	（形）	làngmàn	romantic	
27. 诗人	（名）	shīrén	poet	
28. 眼前	（名）	yǎnqián	before one's eyes; at present	
眼	（名、量）	yǎn	eye	
眼睛	（名）	yǎnjīng	eye	
29. 干	（动）	gàn	to do, to work	
30. 广播	（动、名）	guǎngbō	to broadcast; broadcast	
31. 新闻	（名）	xīnwén	news	
32. 饺子	（名）	jiǎozi	dumpling（with meat and vegetable stuffing）	
33. 面条儿	（名）	miàntiáor	noodles	
34. 咖啡	（名）	kāfēi	coffee	
35. 书法	（名）	shūfǎ	calligraphy	
36. 打字		dǎ zì	to typewrite, to type	
37. 长	（动）	zhǎng	to grow, to develop	
38. 胖	（形）	pàng	fat	
39. 现代	（名）	xiàndài	modern, contemporary	
40. 满足	（动、形）	mǎnzú	to satisfy, satisfied	
41. 赢得	（动）	yíngdé	to gain, to win, to obtain	
赢	（动）	yíng	to win, to beat	

42. 赞扬	（动）	zànyáng	to praise, to speak highly of
43. 不但	（连）	búdàn	not only
44. 输	（动）	shū	to lose, to be beaten

▶ ～～～～～～～～～～～～ 专名　**Proper nouns**

1. 陈文山　　　　Chén Wénshān　　　　name of a person
2. 高英　　　　　Gāo Yīng　　　　　　name of a person

 二　练习　**Exercises**

（一）语音　Pronunciation

1. 辨音辨调　Distinguish the sounds and tones

| zhǔjiàng | 主将 | xìntǒng | 信筒 | dìtiě | 地铁 |
| zhǔjiǎng | 主讲 | xìtǒng | 系统 | dìdiǎn | 地点 |

| zhāo shēng | 招生 | làngmàn | 浪漫 | sīrén | 私人 |
| zhōushēn | 周身 | lànmàn | 烂漫 | shīrén | 诗人 |

| guǎngbō | 广播 | xīnwèi | 欣慰 | xiàndài | 现代 |
| guǎngbó | 广博 | xīnwén | 新闻 | kàndài | 看待 |

2. 三音节声调　Tones of tri-syllables

gōngzhèngchù	公证处	cúnchēchù	存车处
qiāndàochù	签到处	cúnfàngchù	存放处
xīnwénchù	新闻处	liánluòchù	联络处
fāxíngchù	发行处	qíngbàochù	情报处
guǎnlǐchù	管理处	guàhàochù	挂号处
jīngxiāochù	经销处	shòupiàochù	售票处
jièshūchù	借书处	bànshìchù	办事处
xúnwènchù	询问处	zhùyuànchù	住院处

3. 语调　Sentence intonation

(1) 多大呀!
多快呀!
多热呀!
多累呀!
多努力呀!
多容易呀!

(2) 多小哇!
多好哇!
多早哇!
多高哇!
多清楚哇!
多幸福哇!

(3) 多慢哪!
多宽哪!
多短哪!
多认真哪!
多方便哪!
多好看哪!

(4) 多冷啊!
多忙啊!
多长啊!
多高兴啊!
多漂亮啊!
多聪明啊!

(5) 多有意思啊!
多真实啊!
多好吃啊!

（二）词语　Words and phrases

1. 用下列生词至少组成两个短语
   Make at least two phrases with each of the following words

   （1）广播＿＿＿＿　＿＿＿＿　　（2）报名＿＿＿＿　＿＿＿＿

   （3）悠久＿＿＿＿　＿＿＿＿　　（4）谦虚＿＿＿＿　＿＿＿＿

   （5）讲座＿＿＿＿　＿＿＿＿　　（6）地点＿＿＿＿　＿＿＿＿

   （7）满足＿＿＿＿　＿＿＿＿　　（8）现代＿＿＿＿　＿＿＿＿

2. 从本课生词表中选择恰当的词语填空
   Fill in the blanks with the appropriate new words from this lesson

   （1）中国文化有＿＿＿＿＿＿的历史，而且富有＿＿＿＿＿＿。
   （2）我到白老师家的时候，她在听＿＿＿＿＿＿呢。
   （3）方教授＿＿＿＿＿＿现代英语语法，我们很喜欢听他的课。
   （4）今天下午的文化＿＿＿＿＿＿由张教授＿＿＿＿＿＿。
   （5）王教授将＿＿＿＿＿＿地介绍学习汉语的方法。
   （6）白老师讲语法很有＿＿＿＿＿＿。
   （7）＿＿＿＿＿＿使人进步。
   （8）方云天是一个很＿＿＿＿＿＿的人。
   （9）我想参加歌曲学习班，你知道＿＿＿＿＿＿的时间
       和＿＿＿＿＿＿吗？
   （10）你们有什么要求，我一定＿＿＿＿＿＿。
   （11）我好几天没看见方龙了，＿＿＿＿＿＿他去上海了。
   （12）这首诗是哪位＿＿＿＿＿＿写的？
   （13）外边下雨了，带上＿＿＿＿＿＿吧！
   （14）你喜欢吃＿＿＿＿＿＿还是＿＿＿＿＿＿？
   （15）彼得喜欢打太极拳，＿＿＿＿＿＿打得很好。
   （16）山本表演的汉语节目很有特色，＿＿＿＿＿＿了大家的＿＿＿＿＿＿。
   （17）昨天的篮球比赛我们班＿＿＿＿＿＿了，可是足球比赛1比2
        ＿＿＿＿＿＿了。

（18）饺子＿＿＿＿＿好吃，而且便宜。

3. 用"在……""……呢"或"在……呢"完成下面短文
   Complete the short passage with 在…, …呢 or 在…呢

   昨天晚上我去山本正的宿舍玩儿。去以前，我想他一定＿＿＿＿。到了他的宿舍一看，山本正没看电视，他＿＿＿＿。金汉成和彼得也在。金汉成＿＿＿＿，彼得＿＿＿＿。我看他们在一起学习，就回自己的宿舍了。

（三）句型　Sentence patterns

1. 替换　Substitution

   （1）你看，外边在下雨。

外边	下雪
外边	刮风
小陈	跳舞
小高	游泳
他们	准备节目
他们	表演汉语节目
郑教授	打太极拳
钱老师	给女儿照相

   （2）你看，外边下雨呢。

外边	下雪
外边	刮风
小陈	跳舞
小高	游泳
他们	准备节目
他们	表演汉语节目

| 郑教授 | 打太极拳 |
| 钱老师 | 给女儿照相 |

(3) 你看，外边在下雨呢。

外边	下雪
外边	刮风
小陈	跳舞
小高	游泳
他们	准备节目
他们	表演汉语节目
郑教授	打太极拳
钱老师	给女儿照相

(4) A：你去他家的时候，他干什么呢？
　　B：他在打电话呢。

听音乐
听广播
听新闻
做饭
包饺子
吃面条儿
喝咖啡
画画儿
练习书法
练习打字

（5）你看，雨下大了。

2. 把下列句子改成否定句

Change the sentences into negative forms

（1）大内在复习语法呢。

（2）于文在打扫房间呢。

（3）他们在聊天儿。

（4）艾米在看电视。

（5）山本在翻译课文。

（6）贝拉在看通知。

（7）金汉成在唱歌呢。

（8）丁兰在洗衣服呢。

（四）按照下列情景，用本课句型谈话

Have a talk on the following topics, using the patterns in the text

1. 你和你的同学商量参加哪个学习班。

2. 问答练习，谈过去、现在、将来进行的动作行为。

3. 把你看到的一个通知的内容转告给你的同学。

（五）阅读　Reading

她已经学会了好几首中国歌

　　为满足外国留学生学习汉语、了解中国文化的要求，学校举办了几个学习班。有"中国文化学习班"、"现代文学学习班"、"中国歌曲学习班"、"汉字书法学习班"、"太极拳学习班"。很多留学生都积极报名参加。

　　艾米参加了歌曲学习班，她已经学会了好几首中国歌。昨天在一个朋友的生日晚会上，她唱了两首歌：《世上只有妈妈好》和《小芳》，赢得了朋友们的赞扬。大家夸奖说："艾米小姐不但人很漂亮，而且歌也唱得很好。"

1. 回答问题　Answer the questions

　（1）学校为什么举办学习班？
　（2）举办了几个学习班？
　（3）艾米参加了什么学习班？
　（4）昨天在一个朋友的生日晚会上艾米唱了几首歌？什么歌？
　（5）结果怎么样？

2. 复述短文　Retell the reading

语法　Grammar

（一）动作行为的进行（1）　The progressive action (1)

　　汉语里，表示动作行为的进行时，可在述语动词之前加上副词"在"、"正在"、"正"或者在述语动词、述宾短语之后加上助词"呢"。否定形式是"没在……"或"不（是）在……"。如：

In Chinese, a sentence in which the adverb 在, 正在, 正 is used before the predicative verb or the modal particle 呢 is used after the predicative verb or after the predicative object phrase can indicate a progressive action. The negative form of such sentences is 没在…or 不（是）在…, e.g.:

(1) 你看，外边在下雨。

(2) 你看，外边下雨呢。

(3) 你看，外边在下雨呢。

(4) 外边正在下雨呢。

(5) 外边正下雨呢。

(6) 他没在看电视。

(7) 他不是在看电视，就是在看书。

（二）结果补语（2） Complement of result (2)

有一种结果补语表示动作行为到某时为止的结果。这种结果补语可称为中止性结果补语。如："你看，雨下大了""等你到了门口，他早就走远了"。

There is a kind of complement of result which indicates the result of an action happening till a certain time. This kind of complement of result can be called the complement of result of discontinuance such as 你看，雨下大了 and 等你到了门口，他早就走远了.

（三）结构助词"地" The structural particle 地

结构助词"地"用于连接状语和中心语，如"高兴地回答""系统地介绍"。

The structural particle 地 is used to link the adverbial with the words modified by the adverbial, such as 高兴地回答 and 系统地介绍.

五 附录 Appendix

小　芳

1=♭B 4/4

♩=118

李春波　词曲

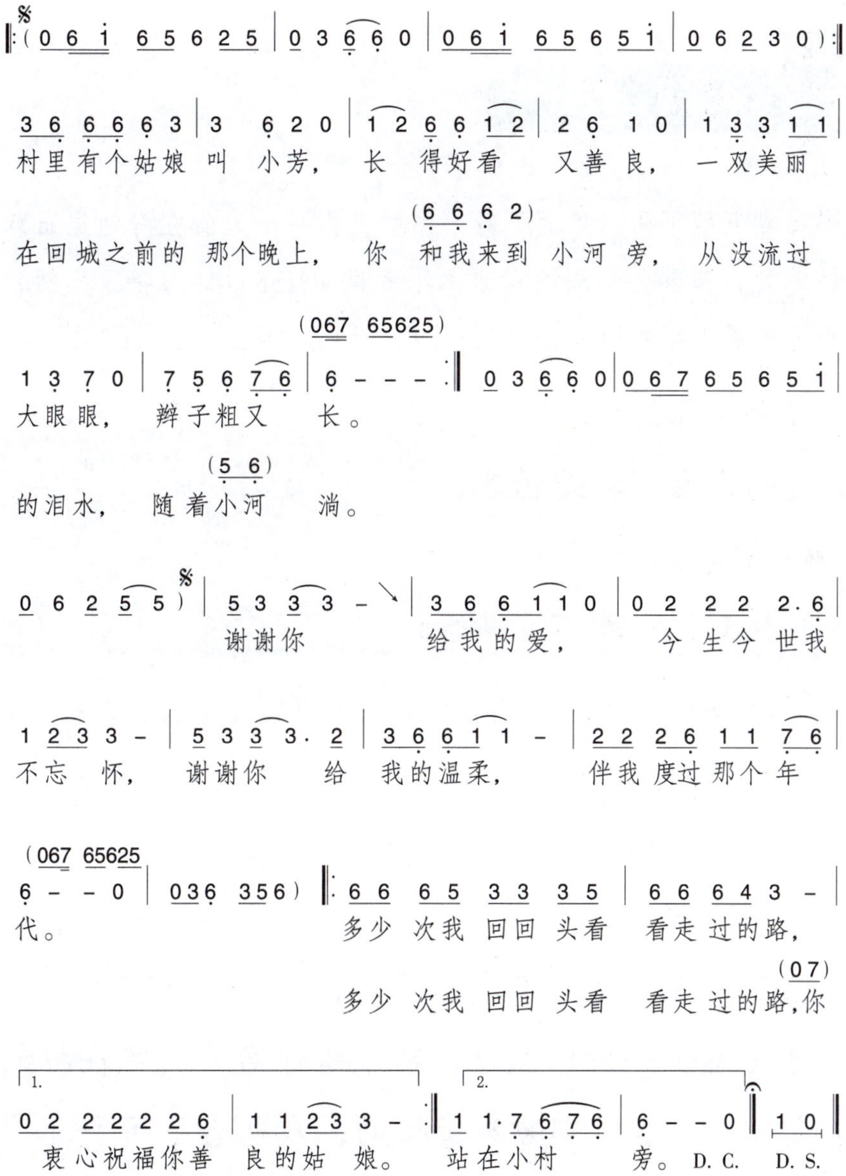

第二课　下星期六我一定去

课文　Text

一个星期五的下午,外面下着大雨。彼得一个人坐在房间里正认真地听录音,做练习,为参加下周的汉语水平考试(HSK)做准备。突然,有人敲门。彼得连忙放下手中的笔,走到门口,开门一看:"呀,是你!"

赵　林:彼得,你好!

彼　得:是赵先生,真是稀客,快请进。

赵　林:能找到你,真不容易呀!

彼　得:外面正在下雨呢,你是怎么来的?

赵　林:坐出租车来的。

彼　得:来,喝点儿水。

赵　林:谢谢!说起来真不好意思。上次请你来我家玩儿,可是忘了告诉你住址,也没给你名片,实在抱歉。

彼　得:没什么,当时都匆匆忙忙的,我也忘了问了。

赵　林：我这次来，是想请你明天去我家做客。

彼　得：非常感谢。不过我下星期要参加汉语水平考试，现在正抓紧时间复习呢。

赵　林：下周六，可以吗？

彼　得：好的，下星期六我一定去。

赵　林：下午三点，我在家门口等你，不见不散。这是我的名片，上面有我的住址和电话号码。

彼　得：谢谢！赵先生冒雨来看我，实在感谢。

赵　林：俗话说：一回生，两回熟。

彼　得：三回就是好朋友了，对吧？

赵　林：对！时间不早了，我该走了。

彼　得：这雨又下起来了，再坐一会儿吧。

赵　林：不坐了，出租车还在外面等着我呢。

彼　得：好吧，慢走！

赵　林：请回吧，再见！

生词 New words

1. 外面 （名） wàimian — outside
2. 连忙 （副） liánmáng — at once, promptly
3. 放 （动） fàng — to put down, to put, to set free
4. 中 （名） zhōng — center, middle
5. 稀 （形） xī — rare, uncommon
6. 名片 （名） míngpiàn — name card
7. 实在 （副、形） shízài — really, indeed; true, real
8. 抱歉 （形） bàoqiàn — to be sorry, to feel apologetic
9. 当时 （名） dāngshí — at that time
10. 匆匆忙忙 （形） cōngcōng-mángmáng — hasteful, in a hurry
11. 做客 zuò kè — to be a guest
12. 抓 （动） zhuā — to catch, to grab, to seize
13. 紧 （形） jǐn — tight, tense
14. 散 （动） sàn — to disperse, to let out, to break up
15. 上面 （名） shàngmian — above, over, on the surface of
16. 号码 （名） hàomǎ — number
17. 俗话 （名） súhuà — common saying, proverb
18. 熟 （形） shú — familiar, ripe
19. 轻松 （形） qīngsōng — relaxed, light
20. 电脑 （名） diànnǎo — computer

第二课 下星期六我一定去

21. 第	（头）	dì		(used to indicate an ordinal number)
22. 批评	（动）	pīpíng		to criticize
23. 表扬	（动）	biǎoyáng		to praise, to commend
24. 里面	（名）	lǐmian		inside, interior
25. 下面	（名）	xiàmian		under, underneath, below
26. 前面	（名）	qiánmian		front, in front
27. 后面	（名）	hòumian		at the back, behind, in the rear
28. 左面	（名）	zuǒmian		left side
29. 右面	（名）	yòumian		right side
30. 南面	（名）	nánmian		south surface
31. 北面	（名）	běimian		north surface
32. 东面	（名）	dōngmian		eastern surface
33. 西面	（名）	xīmian		west surface
34. 留步	（动）	liúbù		don't bother to come any further
35. 举行	（动）	jǔxíng		to hold
36. 一直	（副）	yìzhí		constantly, continuously. always
37. 珍惜	（动）	zhēnxī		to treasure, to value
38. 争取	（动）	zhēngqǔ		to fight for, to strive for
39. 证书	（名）	zhèngshū		certificate
40. 客人	（名）	kèren		guest
41. 邀请	（动、名）	yāoqǐng		to invite; invitation
42. 接受	（动）	jiēshòu		to accept, to take
43. 道歉		dào qiàn		to apologize
44. 感动	（动）	gǎndòng		to be moved

45. 日报	（名）	rìbào	daily paper
46. 晚报	（名）	wǎnbào	evening paper

▶ ～～～～～～～～～～～～～～ 专名　Proper nouns

1. 汉语水平考试　　Hànyǔ Shuǐpíng Kǎoshì　　HSK
2. 人民日报　　　　Rénmín Rìbào　　　　　　The People's Daily
3. 北京晚报　　　　Běijīng Wǎnbào　　　　　Beijing Evening News

练习　Exercises

（一）语音　Pronunciation

1. 辨音辨调　Distinguish the sounds and tones

{ míngpiàn　名片　　{ bàoqiàn　抱歉　　{ hǎo mǎ　好马
{ míngpiān　名篇　　{ dào qiàn　道歉　　{ hàomǎ　号码

{ pǐnpíng　品评　　{ biǎoyǎn　表演　　{ jìnxíng　进行
{ pīpíng　批评　　　{ biǎoyáng　表扬　　{ jǔxíng　举行

{ zhīxī　知悉　　　{ zhēngqǔ　争取　　{ jiēshòu　接受
{ zhēnxī　珍惜　　{ zhēng qì　争气　　{ jiēshōu　接收

2. 三音节声调　Tones of tri-syllables

　　fāngwèicí　方位词　　　　xíngróng cí　形容词
　　duōyìcí　　多义词　　　　héchéngcí　　合成词

bāoyìcí	褒义词	tóngyìcí	同义词
dānchúncí	单纯词	chángyòngcí	常用词
fǒudìngcí	否定词	fùhécí	复合词
yǔqìcí	语气词	wàiláicí	外来词
biǎnyìcí	贬义词	zhùdòngcí	助动词
fǎnyìcí	反义词	shùliàngcí	数量词

3. 重音　Stress

(1) 我到他家的时候，他正看电视呢。

(2) 我到他宿舍的时候，他正练习书法呢。

(3) 我到教室的时候，他正听录音呢。

(4) 我到阅览室的时候，他正看杂志呢。

(5) 我到操场的时候，他们正打太极拳呢。

(6) 我到球场的时候，金汉成正在赛球呢。

(7) 我到商店的时候，她正在买裙子呢。

(8) 我到医院的时候，他正在挂号呢。

(9) 我到公园的时候，他们正在爬山呢。

（二）词语　Words and phrases

1. 用下列生词至少组成两个短语

Make at least two phrases with each of the following words

(1) 放 _____ _____　　(2) 抓 _____ _____

(3) 躺 _____ _____　　(4) 站 _____ _____

(5) 挂 _____ _____　　(6) 表扬 _____ _____

(7) 批评 _____ _____　　(8) 邀请 _____ _____

(9) 前面 _____ _____　　(10) 后面 _____ _____

(11) 左面 _____ _____　　(12) 右面 _____ _____

2. 从本课生词表中选择恰当的词语填空
   Fill in the blanks with the appropriate new words from this lesson

   （1）昨天我们家来了很多_____。
   （2）星期天我们去方老师家_____。
   （3）_____很热，可是屋子_____非常凉快。
   （4）我误会了你的意思，_____不好意思。
   （5）我的电话_____是62027744。
   （6）你批评得对，我完全_____你的批评。
   （7）这是小高做的好事，应该_____他。
   （8）非常_____，我今天又来晚了。
   （9）王才_____你参加今天的晚会。
   （10）你取得汉语水平考试的_____了吗？
   （11）是我错了，我向你_____。
   （12）我们要_____时间，不浪费一分一秒。
   （13）这次比赛我一定_____好成绩。
   （14）他给了我一张_____，_____有他家的住址。
   （15）_____说：一日三笑，不用吃药。
   （16）晚上有电影，现在应该_____时间做作业。
   （17）大家这么关心我，我心里非常_____。
   （18）用_____打字非常方便。
   （19）_____，请山本发言。

3. 用指定的词语改写句子
   Rewrite the sentences with the words given

   （1）他说完就很快地走了。（匆匆忙忙）
   （2）昨天很紧张，我忘了告诉你。（匆匆忙忙）
   （3）听见有人敲门，王欢很快地站起来去开门。（连忙）
   （4）他知道自己说错了，就说："对不起，对不起！"（连忙）
   （5）我来中国以后没给他写信。（一直）

（6）这雨已经下了三天了。（一直）

（7）老师夸奖大内上子学习很努力。（表扬）

（8）老师说彼得学习不认真。（批评）

4. 写出反义词　Write antonym

紧张 ——　　　　表扬 ——

外面 ——　　　　上面 ——

前面 ——　　　　左面 ——

南面 ——　　　　西面 ——

北方 ——　　　　东边 ——

赢 ——　　　　短期 ——

借 ——　　　　丈夫 ——

中餐 ——　　　　白天 ——

晴天 ——　　　　早上 ——

（三）句型　Sentence patterns

1. 替换　Substitution

（1）我去宿舍找他的时候，他正看电视呢。

> 吃饭
> 睡觉
> 喝茶
> 打电话
> 看小说
> 看杂志
> 看报
> 看《人民日报》
> 看《北京晚报》
> 练习书法
> 练习打字

（2）我去他家找他的时候，他正在看电视呢。

吃饭
睡觉
喝茶
打电话
看小说
看杂志
看报
看《人民日报》
看《北京晚报》
练习书法
练习打字

（3）我正休息的时候，有人敲门。

吃饭	有人叫我
做饭	有人喊我
洗澡	有人找我
上课	有人唱歌
写信	小王给我打来了电话
打电话	服务员送来了一封信
听录音	白老师来了
做练习	外面下雨了

（4）外面正下着雨呢，别出去了。

里面	上	课	别敲门
他	做	练习	没时间玩儿
他	赛	球	别去找他
他	看	报	有人进来了

（5）外边下上雨了。

外边	下	雪
他	学	打字
他	迷	电脑
他们	打	篮球
他们	赛	足球

（6）他们班学到第35课了。

他	看	第50页
他	做	第四个练习
他	做	第五个题
他	查	第17个生词
他	长	一米八
他	复习	第32课
他	翻译	第九个句子
他	回答	第六个问题

（7）你说下去吧!

讲 看 念 读 写 听
住 介绍 研究 表演

（8）你怎么夸奖起我来了？

唱 歌
跳 舞
说 他
想 家
聊 天
数 钱
修 车
批评 我
表扬 我
照顾 我

2. 用"正""正在"完成句子
   Complete the following sentences with 正 or 正在
   （1）我到教室的时候，_____。
   （2）我去医院看他的时候，_____。
   （3）我到银行的时候，_____。
   （4）我从图书馆出来的时候，_____。
   （5）我到体育场的时候，_____。
   （6）我给王才打电话的时候，_____。
   （7）我到赵林家的时候，_____。
   （8）我走到食堂门口的时候，_____。
   （9）我去邮局取包裹的时候，_____。

（四）按照下列情景，用本课句型谈话
Have a talk on the following topics, using the patterns in the text

1. 你忘了告诉你的朋友一件事，天气很冷，你冒着雪去告诉他。
2. 你去你朋友家，谈完话跟主人告别。

（五）成段表达　Say as much as possible on the following topic

把课文改成叙述体，介绍彼得和赵林谈话的情况。

（六）阅读　Reading

赵林是一个很实在的朋友

下周六学校要举行一次汉语水平考试。彼得已经报名参加了。这几天他一直在做准备。他想，自己能来中国学习，是件很不容易的事。应该珍惜这个机会，努力学习，争取拿到一张证书，这对回国找工作很有帮助。

彼得正认真地听录音，做练习，突然来了一位客人，是半个月以前认识的赵林。

赵林邀请彼得去他家做客，还给了他一张名片。名片上写着他的住址和电话号码。彼得高兴地接受了邀请。

赵林冒雨来看自己，而且向自己道歉，彼得心中非常感动，他觉得赵林是一个很实在的朋友。

1. 选择正确答案　Multiple choice

   （1）彼得为什么报名参加汉语水平考试？

   A. 他一直在做准备

   B. 他有机会来中国学习很不容易

   C. 他要努力学习

   D. 为了拿到一张证书

   （2）彼得为什么觉得赵林是一个很实在的朋友？

   A. 赵林邀请他去家里做客

   B. 赵林给了他一张名片

   C. 赵林冒雨来看自己，而且向自己道歉

   D. 彼得心中非常感动

2. 复述短文　Retell the reading

语法　Grammar

（一）动作行为的进行 (2)　The progressive action (2)

汉语里，动作行为的进行可以是过去、现在和将来。如：

In Chinese, a progressive action can be in past, present or future tense. e.g.:

（1）昨天晚上，我去他宿舍找他的时候，他正看电视呢。

（2）昨天中午，我去他家找他的时候，他正在吃饭呢。

（二）动态助词"着"（1）　The aspectual particle 着 (1)

动态助词"着"用于述语动词之后，可表示运动状态的持续。如：

The aspectual particle 着 used after a predicative verb can indicate the continual state of an action, e.g.:

（1）外边下着大雨呢，你别进城了。

（2）现在还在刮着大风。

（三）结果补语（3）　Complement of result (3)

趋向补语的引申用法可转化为结果补语：

The extended use of a complement of direction can turn into a complement of result:

1. 表示开始发生，如：

It is used to indicate the beginning of a happening, e.g.:

（1）外边下上雨了，再坐一会儿吧。

（2）他见我不好意思，就笑开了。

（3）你怎么夸奖起我来了？

2. 表示中止，如：

It is used to indicate discontinuity, e.g.:

（1）他们班学到第35课了。

（2）你在这儿住上一年，就了解这儿的情况了。

3. 表示继续，如：

It is used to indicate continuation, e.g.:

（1）你说下去吧!

（2）他喝了几口茶，又念起来了。

4. 表示终结，如：

It is used to indicate the accomplishment, e.g.:

（1）他已经注意到了这种情况。

（2）我已经拿到证书了。

5. 表示状态变化，如：

It is used to indicate the change of state, e.g.:

（1）病人又醒过来了。

（2）那件衣服收起来了。

第三课
她去过许多地方

 课文　Text

（一）

假日旅游是贝拉的最大爱好。来北京两个月,她去过许多地方。她参观过北京世界公园,游览过长城和故宫;她曾经在颐和园的昆明湖划过船,也曾在动物园跟大熊猫照过相。可以说,北京的许多名胜古迹,都留下过她的足迹。

贝拉准备学习结束以后,到中国各地旅行。她想游遍中国的山山水水。有个意大利朋友开玩笑说:"贝拉小姐,你是想当第二个马可·波罗吧?"贝拉笑着回答:"应该说,马可·波罗第二一定是贝拉小姐。"

（二）

（白华老师和贝拉的对话）

白　华：明天要考试了，你复习好了吗？

贝　拉：综合课就要复习完了，口语还没复习呢。

白　华：听说考试以后，你想出去旅游一次，是吗？

贝　拉：是的。不过，还没拿定主意去哪儿。

白　华：去过天津吗？

贝　拉：没有，我听说天津是个大城市，离北京不远。

白　华：建议你去看看。天津的水上公园、食品一条街都很有名。

贝　拉：好，听你的。我周五下午就动身去天津。

白　华：我也想去天津，咱们俩一起去吧。

贝　拉：太好了！您也去天津玩儿？

白　华：不，我想回家看看父母。我是天津人。

贝　拉：咱们怎么去？

白　华：坐火车去吧。

第三课 她去过许多地方

生词 New words

1.	过	（助）	guo	(a structural particle)
2.	许多	（形）	xǔduō	many, much, a lot of
3.	假日	（名）	jiàrì	holiday
4.	旅游	（动）	lǚyóu	to travel
5.	参观	（动）	cānguān	to visit
6.	游览	（动）	yóulǎn	to tour, to go sightseeing, to visit
7.	曾经	（副）	céngjīng	ago, before
	曾	（副）	céng	before, ago
8.	湖	（名）	hú	lake
9.	划	（动）	huá	to row, to paddle, to scratch
10.	船	（名）	chuán	boat, ship
11.	动物园	（名）	dòngwùyuán	zoo
	动物	（名）	dòngwù	animal
12.	熊猫	（名）	xióngmāo	panda
13.	名胜	（名）	míngshèng	a place famous for its scenery or historical relics
14.	古迹	（名）	gǔjì	historic site, place of historic interest
15.	留	（动）	liú	to leave, to leave, to remain, to reserve
16.	足迹	（名）	zújì	footmark, footprint
17.	各	（代）	gè	each

18. 游	（动）	yóu	to swim, to rove around, to travel
19. 遍	（形、量）	biàn	all over, everywhere, (a measure word)
20. 山山水水	（名）	shānshān-shuǐshuǐ	scenery with hills and waters
21. 综合	（动）	zōnghé	synthesize
22. 食品	（名）	shípǐn	food, provisions
23. 有名	（形）	yǒumíng	famous, wellknown
24. 动身		dòng shēn	to set out on a journey, to leave (for a distant place)
25. 俩	（数）	liǎ	two
26. 火车	（名）	huǒchē	train
27. 烤鸭	（名）	kǎoyā	roast duck
烤	（动）	kǎo	to bake, to roast, to toast
鸭子	（名）	yāzi	duck
28. 访问	（动）	fǎngwèn	to visit, to call on
29. 兵马俑	（名）	bīngmǎyǒng	wood or clay figures of warriors and horses buried with the dead
兵	（名）	bīng	soldier, fighter
马	（名）	mǎ	horse
30. 愿望	（名）	yuànwàng	wish, desire, hope
31. 关于	（介）	guānyú	about, on
32. 贡献	（动、名）	gòngxiàn	to contribute, to dedicate; devotion
33. 人生	（名）	rénshēng	life

34. 实现　（动）　shíxiàn　　　　to realize, to achieve
35. 沿　　（介）　yán　　　　　along

▶ ～～～～～～～～～～～～　专名　**Proper nouns**

1. 世界公园　　Shìjiè Gōngyuán　　the World Park
2. 长城　　　　Chángchéng　　　　the Great Wall
3. 故宫　　　　Gùgōng　　　　　　the Imperial Palace
4. 昆明湖　　　Kūnmíng Hú　　　　Kunming Lake
5. 马可·波罗　　Mǎkě Bōluó　　　　Marco Polo
6. 水上公园　　Shuǐshàng Gōngyuán　The Water Park
7. 桂林　　　　Guìlín　　　　　　name of a city
8. 西湖　　　　Xī Hú　　　　　　the West Lake
9. 长江　　　　Cháng Jiāng　　　　Yangtse River
10. 美洲　　　　Měizhōu　　　　　America
11. 加拿大　　　Jiānádà　　　　　Canada
12. 非洲　　　　Fēizhōu　　　　　Africa
13. 埃及　　　　Āijí　　　　　　　Egypt
14. 亚洲　　　　Yàzhōu　　　　　Asia
15. 大洋洲　　　Dàyángzhōu　　　Oceania
16. 澳大利亚　　Àodàlìyà　　　　Australia
17. 新疆　　　　Xīnjiāng　　　　the Xinjiang Autonomous Region

练习 Exercises

(一) 语音 Pronunciation

1. 辨音辨调 Distinguish the sounds and tones

| jiàrì | 假日 | yóulǎn | 游览 | tòngkǔ | 痛苦 |
| jiérì | 节日 | yóuláng | 游廊 | dòngwù | 动物 |

| shīpiān | 诗篇 | yóumín | 游民 | huòchē | 货车 |
| shípǐn | 食品 | yǒumíng | 有名 | huǒchē | 火车 |

| gǔjì | 古迹 | rénshēng | 人生 | shénxiān | 神仙 |
| zújì | 足迹 | rénshēn | 人身 | shíxiàn | 实现 |

2. 三音节声调 Tones of tri-syllables

Yíhéyuán	颐和园	dòngwùyuán	动物园
Yuánmíngyuán	圆明园	yòuzhìyuán	幼稚园
mínzúyuán	民族园	cǎizhāiyuán	采摘园
kējìyuán	科技园	yóulèyuán	游乐园

zhíwùyuán	植物园	Dàguānyuán	大观园
méiguīyuán	玫瑰园	yùhuāyuán	御花园
mǔdānyuán	牡丹园	yòu'éryuán	幼儿园
pútaoyuán	葡萄园	zhòngzhíyuán	种植园

3. 重音 Stress

吃了	说了	写了	开始了	复习了
拿着	说着	看着	站着	坐着
走过	学过	看过	参观过	游览过

我的书　　他们的本子　　老师的家　真实的故事　　悠久的历史
高兴地说　慢慢地走　　注意地看　　认真地写　　努力地学习
写得很快　走得很慢　说得很清楚　洗得很干净　收拾得很整齐

（二）词语　Words and phrases

1. 用下列生词至少组成两个短语

   Make at least two phrases with each of the following wrds

   （1）许多＿＿＿＿　＿＿＿＿　　（2）有名＿＿＿＿　＿＿＿＿

   （3）实现＿＿＿＿　＿＿＿＿　　（4）游览＿＿＿＿　＿＿＿＿

   （5）曾经＿＿＿＿　＿＿＿＿　　（6）贡献＿＿＿＿　＿＿＿＿

   （7）愿望＿＿＿＿　＿＿＿＿　　（8）动身＿＿＿＿　＿＿＿＿

2. 从本课生词表中选择恰当的词语填空

   Fill in the blanks with the appropriate new words from this lesson

   （1）北京有悠久的历史，＿＿＿＿＿＿＿＿很多。

   （2）我要是有＿＿＿＿＿＿钱，就去全世界＿＿＿＿＿＿＿＿。

   （3）你＿＿＿＿＿＿＿过长城吗?

   （4）我们学校有不少＿＿＿＿＿＿＿的教授。

   （5）你要买蛋糕，得去＿＿＿＿＿＿＿商店。

   （6）小丁＿＿＿＿＿＿＿去过意大利。

   （7）学习结束以后，我要去西安参观＿＿＿＿＿＿＿。

   （8）昨天我看见小李和女朋友在昆明湖＿＿＿＿＿＿＿。

   （9）我的房间都找＿＿＿＿＿＿＿了，也没找到我的词典。

   （10）孩子们最喜欢去＿＿＿＿＿＿＿看熊猫了。

   （11）请你再念一＿＿＿＿＿＿。

   （12）贝拉明天坐＿＿＿＿＿＿去天津。

   （13）中国的许多名胜古迹都＿＿＿＿＿＿下过马可·波罗的＿＿＿＿＿＿。

   （14）贝拉来中国旅游的＿＿＿＿＿＿实现了。

(三) 句型　Sentence patterns

1. 替换　Substitution

(1) 她去过<u>许多地方</u>。

美国
韩国
日本
法国
埃及
意大利
加拿大
澳大利亚

(2) A：你以前<u>学</u>过<u>汉语</u>吗？
　　B：我以前<u>学</u>过<u>汉语</u>。
　　　（我以前没<u>学</u>过<u>汉语</u>。）

吃	烤鸭
喝	茅台
看	京剧
得	感冒
参观	世界公园
参观	西安兵马俑
游览	长城和故宫
游览	北海和颐和园
游览	桂林山水
游览	杭州西湖
游览	南京长江大桥

（3）A：你去过上海吗？
　　　B：我去过上海。
　　　A：你去过几次上海？
　　　B：我去过一次上海。

天津	两
南京	三
广州	四
杭州	五
苏州	六
西安	两
青岛	三
大连	四
桂林	五
长城	六

（4）A：你找过他吗？
　　　B：我找过他。
　　　A：你找过他几次？
　　　B：我找过他一次。

见
看
请
帮
问
罚
访问
批评
表扬

（5）明天要<u>考试</u>了。

比赛
结婚
报名
开始
开学
结束
回国
出版
化验
表演

2. 用"了"或"过"填空　Fill in the blanks with 了 or 过

（1）我去_____三次颐和园，没去_____香山。

（2）我找_____他两次，可是都没找到他。

（3）他没吃_____北京烤鸭。

（4）来中国以前我没学_____汉语。

（5）我买_____四个本子和两支圆珠笔。

（6）昨天我下_____课就去邮局_____。

（7）来中国以后，我得_____两次感冒。

（8）得_____感冒以后，应该好好休息。

（9）那本书我看_____，是马可·波罗写的。

（10）我跟他只见_____一面，后来再也没见_____。

（11）这些生词我念_____一遍就能记住。

（12）这些生词念_____好几遍_____，可是还记不住。

（四）按照下列情景，用本课句型谈话
Have a talk on the following topics，using the patterns in the text

1. 你跟你的朋友谈去哪些地方旅游。

2. 你跟你的朋友谈准备去什么地方旅游。

（五）成段表达　Say as much as possible on the following topic

把课文改成叙述体，介绍贝拉考试以后的打算。

（六）阅读　Reading

贝拉的愿望实现了

贝拉非常爱好旅游，她去过美洲的加拿大、非洲的埃及、亚洲的日本、大洋洲的澳大利亚。她每到一个地方，都照很多相留作纪念。

来中国旅游是贝拉多年的愿望。她读过很多关于中国历史文化的书和杂志，知道中国是个历史悠久的国家，有很多名胜古迹。她还了解到，有个叫马可·波罗的意大利旅行家，曾经在中国生活过17年。他游遍了中国的山山水水，为中意两国人民的互相了解做出了很大贡献。她想，不来中国看看是人生最大的遗憾。

今年7月，贝拉的愿望实现了，她来到中国，在一所大学的短期班学习汉语。贝拉来中国有两个目的，一是学习汉语，二是在中国旅游。她准备学习结束后先去中国南方看看，然后沿丝绸之路往西走，从中国的新疆回国。

1. 回答问题　Answer the questions

　　（1）这篇短文的主要意思是什么？

　　（2）第一段的主要意思是什么？

　　（3）第二段的主要意思是什么？

　　（4）第三段的主要意思是什么？

2. 复述短文　Retell the reading

（一）动态助词"过"　The aspectual particle 过

动态助词"过"表示存在某种经历。可用于过去发生的事实，也可用于将来发生的事实。如：

The aspectual particle 过 indicates a certain experience. It can be used with a past fact as well as a fact in the future, e.g.:

　　（1）以前，我去过美国。（过去）(in the past)

　　（2）明年这时候，我可能去过天津了。（将来）(in the future)

用"没（有）"或"不会/可能"否定。

没（有）or 不会/可能 is used to form the negative sentence.

注意：（1）否定形式，仍保留动态助词"过"。（2）用"没（有）"否定时，如果否定过去某一时点到说话时为止的经历时，句尾要加动态助词"了₂"。试比较：

Point for attention：（1）The aspectual particle 过 remains in the negative form.（2）When 没（有）is used as the negative form and if the speaker denies an experience from a certain time in the past till the time he talks about it, the aspectual particle 了₂ should be used at the end of the sentence. Compare the two sentences：

（1）他以前没学过汉语。

（2）我好久没去过公园了。

（二）动量补语　Complement of action measure

数词与量词"次、遍、回"等所构成的数量短语可充当动量补语。如：

The numeral measure phrase composed of a numeral and the measure word 次，遍 or 回 can function as a complement of action measure，e.g.：

（1）那个地方，我去过一次。

（2）这课课文，他念三遍了。

注意：代词或以代词为定语的名词短语做宾语时，动量补语一般用于宾语之后，如"我去过他家一次"。

Point for attention：When a pronoun or a nominal phrase in which a pronoun is used as an attributive function as an object，the complement of action measure is usually placed after the object，e.g.: 我去过他家一次.

（三）动态助词"了₂"(3)　The aspectual particle 了₂ (3)

动态助词"了₂"可与表示"将要"义的副词"要"搭配使用，构成"要……了₂"格式。如：

The aspectual particle 了₂ can be used with the adverb 要 indicating 将要 to form the construction 要…了₂，e.g.：

（1）王老师要来了。

（2）比赛要开始了。

（3）他们要进行第二次比赛了。

（4）要下课了。

马可·波罗（1254—1324）

意大利旅行家。公元1275年他来中国，曾到过新疆、甘肃、内蒙古、陕西、四川、云南、江苏、山东、浙江、福建、北京等地，在中国一共度过了17年，回国后写出了著名的《马可·波罗行纪》。

Marco Polo（born in 1254 and died in 1324）

He was an Italian tourist and came to China in 1275. Later he went to many places such as Xinjiang, Gansu, Neimenggu, Shaanxi, Sichuan, Yunnan, Jiangsu, Shandong, Zhejiang, Fujian, Beijing and so on. He lived in China for 17 years. After he went back to Italy, he wrote a famous book entitled *Marco Polo's Travel Notes*.

第四课

戒　烟

课文　Text

　　王欢下班回家，进了屋子以后，先看了看，见妻子还没回来，就放心地点上一支烟，坐在沙发上抽了起来。

　　刚抽了两口，突然，厕所门开了，妻子走了出来……

王　妻：好哇，你又偷着抽烟了！

王　欢：你原来在家呀，我以为你还没下班呢。你是什么时候到家的？

王　妻：我不在家，你就偷着抽烟哪？

王　欢：这不是我买的烟，是朋友送的喜烟。

王　妻：你又在骗我，这个月你抽了三次喜烟了！

王　欢：这回是真的。我还给你带喜糖来了呢。你尝尝，挺甜。

王　妻：我问你，这盒儿烟是什么时候送你的？

王　欢：今天上午。

王　妻：抽了几支了？

王　欢：五支。抽完了这支就再也不抽了，还不行吗？

王　妻：不行，现在就别抽了。吸烟对自己的身体有害，而且还影响别人的健康，你知道不知道？

王　欢：知道。可我爸爸抽了40年的烟了，身体不也好好的吗？

王　妻：可是你妈不到60岁就去世了。

王　欢：那也不全是我爸爸抽烟的过呀！

王　妻：别狡辩！告诉你，再不戒烟，咱们就……

王　欢：就怎么样？

王　妻：就离婚！

晚上，卧室墙上贴出一张保证书，上面写着：

> 为了我和妻子的健康，也为了办公室各位同志的健康，本人决定：从明天起开始戒烟。

生词 New words

1.	戒	（动）	jiè	to give up, to quit
2.	烟	（名）	yān	cigarett, tobacco, smoke
3.	点	（动）	diǎn	to light, to choose, to point out
4.	抽	（动）	chōu	to obtain by drawing, to take out from, to wipe
5.	偷	（动、副）	tōu	to steal; stealthily, secretly
6.	以为	（动）	yǐwéi	to think, to believe
7.	喜糖	（名）	xǐtáng	sweets for entertaining friends and relatives at a wedding
	喜	（形、动、名）	xǐ	delighted, pleased; to be fond of, to like; happy event
	糖	（名）	táng	candy, sugar
8.	甜	（形）	tián	sweet
9.	盒儿	（名、量）	hér	box; (a measure word) a box of
10.	吸	（动）	xī	to breathe in, to draw
11.	有害	（动）	yǒuhài	to harm, to damage
12.	影响	（动、名）	yǐngxiǎng	to influence, to affect; influence
13.	去世	（动）	qùshì	to die, to pass away
14.	过	（名）	guò	fault, mistake
15.	狡辩	（动）	jiǎobiàn	to quibble, to indulge in sophistry
16.	离婚		lí hūn	to divorce

17.	卧室	（名）	wòshì	bedroom
18.	保证	（动、名）	bǎozhèng	to assure, to pledge; uarantee,
19.	保证书	（名）	bǎozhèngshū	written pledge, letter of guarantee
20.	同志	（名）	tóngzhì	comrade
21.	为了	（介、连）	wèile	for, in order to, for the sake of
22.	本	（代）	běn	one's own, native
23.	决定	（动、名）	juédìng	to decide, to settle down; decision
24.	刚才	（名）	gāngcái	just now
25.	毕业		bì yè	graduation
26.	叔叔	（名）	shūshu	uncle
27.	无轨	（形）	wúguǐ	trackless(trolley)
28.	电车	（名）	diànchē	tram, tramcar
29.	地铁	（名）	dìtiě	subway, tube
30.	地下	（名）	dìxià	underground
31.	铁路	（名）	tiělù	railway
32.	附近	（名）	fùjìn	nearby
33.	转	（动）	zhuàn	to turn, to rotate
34.	生气		shēng qì	to be angry
35.	掉	（动）	diào	to fall off, to drop
36.	体重	（名）	tǐzhòng	weight
37.	倒	（副）	dào	but, only

38.	增加	（动）	zēngjiā	to increase, to raise
39.	灵	（形）	líng	clever, sharp, effective
40.	说不定		shuō bu dìng	perhaps, maybe
41.	伪劣	（形）	wěiliè	false and inferior
42.	成功	（动）	chénggōng	to succeed
43.	打的		dǎ dī	to call a taxi

练习 Exercises

（一）语音 Pronunciation

1. 辨音辨调 Distinguish the sounds and tones

{	yǐwéi	以为	{	yīnxiǎng	音响	{ wèishì	卫士
	yīnwèi	因为		yǐngxiǎng	影响	wòshì	卧室

{	tóngzhì	同志	{	gāncài	干菜	{ bànyè	半夜
	tōngzhī	通知		gāngcái	刚才	bì yè	毕业

{	fùjìn	附近	{	shénqì	神气	{ yǎnjing	眼睛
	fùqin	父亲		shēng qì	生气	yǎnjìng	眼镜

2. 三音节声调 Tones of tri-syllables

shuōmíngshū	说明书	báipíshū	白皮书
gōngjùshū	工具书	hóngpíshū	红皮书
cānkǎoshū	参考书	lánpíshū	蓝皮书
shēnqǐngshū	申请书	xiéyìshū	协议书

第四课 戒 烟

47

bǎozhèngshū	保证书	zhèngmíngshū	证明书
zhěnduànshū	诊断书	pànjuéshū	判决书
qǐsùshū	起诉书	kòngsùshū	控诉书
qǐngyuànshū	请愿书	jiàndìngshū	鉴定书

3. 重音 Stress

说了说	谈了谈	写了写	念了念
猜了猜	尝了尝	找了找	笑了笑
搬了搬	玩儿了玩儿	走了走	问了问
穿了穿	骑了骑	想了想	试了试

（二）词语 Words and phrases

1. 用下列生词至少组成两个短语

   Make at least two phrases with each of the following words

   （1）影响＿＿＿＿ ＿＿＿＿　　（2）保证＿＿＿＿ ＿＿＿＿

   （3）决定＿＿＿＿ ＿＿＿＿　　（4）以为＿＿＿＿ ＿＿＿＿

   （5）为了＿＿＿＿ ＿＿＿＿　　（6）毕业＿＿＿＿ ＿＿＿＿

   （7）增加＿＿＿＿ ＿＿＿＿　　（8）附近＿＿＿＿ ＿＿＿＿

2. 从本课生词表中选择恰当的词语填空

   Fill in the blanks with the appropriate new words from this lesson

   （1）金汉成的奶奶是前年＿＿＿＿＿＿＿的。

   （2）学校＿＿＿＿＿＿有很多商店。

   （3）请问，＿＿＿＿＿＿有厕所吗？

   （4）那个小孩子的爸爸妈妈不在家，他＿＿＿＿＿＿着抽烟。

   （5）有人＿＿＿＿＿＿看了于文的信，她很＿＿＿＿＿＿。

   （6）别说了，外面有人＿＿＿＿＿＿听。

第四课 戒 烟

（7）丁兰，什么时候吃你的_____？

（8）这是_____，抽一支吧。

（9）这个房间是王欢和他爱人的_____。

（10）最近他身体一直不好，可是没有_____学习。

（11）考试以前她感冒了，没复习好，_____了这次考试的成绩。

（12）都十二点了，别看电视了，不要_____别人休息。

（13）父亲母亲的习惯对孩子有很大_____。

（14）抽烟对健康有不好的_____。

（15）我不喜欢吃_____的食品。

（16）他坐在沙发上_____烟呢。

（17）我最近体重_____了三斤。

（18）王欢上当了，他又买了_____产品。

3. 用指定的词语改写句子

   Rewrite the sentences with the words given

   （1）大家都想贝拉明天回来，没想到她昨天就回来了。（以为）

   （2）你觉得这个电影怎么样？（以为）

   （3）艾米感冒了，我想她不去长城了。（以为）

   （4）我还没拿定主意什么时候回国。（决定）

   （5）我已经拿定主意了，下星期去西安旅行。（决定）

   （6）我告诉他们，三天一定翻译完这本书。（保证）

   （7）我以后一定每天来上课。（保证）

   （8）这是我自己的决定。（本人）

   （9）我姓李，叫李朋。（本人）

   （10）这是他自己告诉我的。（本人）

（三）句型　Sentence patterns

1. 替换　Substitution

   （1）A：你是什么时候<u>回来</u>的？

   　　　B：我是<u>前天回来</u>的。

回国	去年五月
到家	刚才
回学校	下午四点
毕业	前年
来中国	去年九月
去广州	上个月
告诉他	昨天
通知他们	今天上午

   （2）A：他是从哪儿来的？

   　　　B：他是从<u>美国</u>来的。

   　　　A：他是跟谁一起来的？

   　　　B：他是跟<u>他哥哥</u>一起来的。

法国	他父亲
埃及	他叔叔
加拿大	他姐姐
澳大利亚	他弟弟
南京	他朋友
西安	他爱人
青岛	他妻子
大连	他女儿

(3) A：你们是怎么去<u>天津</u>的？
　　B：我们是<u>坐火车</u>去<u>天津</u>的。

广州	坐飞机
上海	坐船
北海公园	坐公共汽车
颐和园	骑自行车
动物园	坐无轨电车
医院	坐地铁
友谊商店	打的

(4) 他们已经<u>赛</u>上了<u>足球</u>。

听	广播
看	电视
洗	澡
游	泳
滑	冰
吃	午饭
喝	咖啡

(5) <u>他们班</u><u>学</u>了<u>40课</u>了。

他	看	50页
他	学会	四首中国歌
他	做	五个题
他	查	17个生词
他	长到	一米八
他	复习	34课
他	翻译	九个句子
他	回答	六个问题

(6) 他又念了下去。

说看写画唱喝干做猜

(7) 我做完了练习了。

吃 晚饭
量 体温
发 言
搬 家
洗 澡
寄 包裹
擦 窗户
填 表

(8) 你要好好地学习。

好好　工作
快快　写
快快　跑
慢慢　吃

慢慢	走
多多	练习
多多	复习
早早	来

（9）他打扫得干干净净。

收拾	整整齐齐
穿	漂漂亮亮
讲	明明白白
写	清清楚楚
来	匆匆忙忙
说	简简单单
写	整整齐齐
介绍	清清楚楚

（10）我在他家坐了坐就回来了。

在那儿	看
在门口	等
在外边	瞧
在附近	转
在商店	逛
在操场	跑
跟小刘	聊
跟郑老师	谈

2. 回答问题，先否定回答，再用所给的词语肯定回答

Answer the questions, first with the negative forms then with the affirmative using the words given

(1) 你是昨天来的吗？（前天）

(2) 你们是前年毕业的吗？（去年）

(3) 你是星期日遇见她的吗？（星期六）

(4) 他是从宿舍来的吗？（图书馆）

(5) 她是跟艾米一起来的吗？（大内）

(6) 你是骑自行车去的吗？（走着）

(7) 你们是坐公共汽车去的吗？（打的）

(8) 他们是坐火车来的吗？（飞机）

(9) 你是坐船去的广州吗？（火车）

(10) 你们是坐火车去的天津吗？（汽车）

（四）按照下列情景，用本课句型谈话

Have a talk on the following topics, using the patterns in the text

1. 你劝你的朋友不要抽烟。

2. 你劝你的朋友不要喝酒。

（五）成段表达　Say as much as possible on the following topic

把课文改成叙述体，介绍王欢和妻子的谈话。

(六) 阅读　Reading

以后再戒一次

王欢两次戒烟都没有成功。

第一次是去年。妻子给他买来两袋糖,说:"你一想抽烟,就吃一块糖,慢慢就不想抽烟了。"结果,两袋糖全吃了,烟也没戒掉,王欢的体重倒增加了三斤。

第二次是今年。妻子买了一种叫"戒烟灵"的进口药,听说这种药很灵。结果是,两盒药吃完了,王欢的烟一支也没少抽。王欢说:"这药有问题,说不定是伪劣产品!"妻子说:"为了自己的身体,也为了不影响别人的健康,你一定得戒烟。"

王欢决定第三次戒烟,可是他自己也不知道这次能不能成功。他保证,要是这次不成功,以后再戒一次。

1. 选择正确答案　Multiple choice

(1) 王欢第一次戒烟没有成功的原因是:

A. 妻子给他买来两袋糖

B. 他吃了两袋糖

C. 体重增加了

D. 他本人不想戒烟

(2) 王欢第二次戒烟没有成功的原因是:

A. 妻子买了"戒烟灵"

B. "戒烟灵"不灵

C. 他本人不想戒烟

D. 为了第三次戒烟成功

（3）王欢为什么决定第三次戒烟？

  A. 妻子让他戒烟

  B. 为了自己和别人的身体健康

  C. 为了戒烟成功

  D. 为了以后再戒一次

2. 复述短文　Retell the reading

（一）"是……的"句（1）　是…的-sentence (1)

汉语里，以时间、处所、方式等为参照给已然性事件定位时，要用"是……的"句。这种"是……的"句有多种格式，其中最常见的是：

In Chinese，是…的-sentence is used, when the time, place or manner of a past action is stressed. There are several patterns of 是…的-sentence, among which the one most in use is as follows：

  主语 +是（+ 状语）+ 述语（+ 补语）（+ 宾语）+ 的　　如：
subject + 是(+ adverbial)+ predicative(+ complement)(+ object) + 的, e.g.：

（1）你是什么时候到家的？

（2）他不是在朋友家认识赵先生的。

注意：这种句子用于过去发生的事实。

Point for attention：This sentence is used for the fact of a past action.

(二) 动态助词"了₁"(2)   The aspectual particle 了₁ (2)

动态助词"了₁"可表示动作过程发展阶段的实现。如：

The aspectual particle 了₁ can indicate the realization of a stage in the process of an action, e.g.:

(1) 他们已经赛上了足球。

(2) 他们班学到了四十课了。

(3) 他又念了下去。

(4) 他做完了练习了。

注意："了₁"或跟"了₂"搭配使用，或述语前边有状语，否则句子不能独立。

Point for attention: The aspectual particle 了₁ should be used either with 了₂ or with a predicative before which an adverbial exists, otherwise the sentence is incorrect.

(三) 形容词重叠   The reduplication of adjectives

有些口语中常用的形容词可以重叠。单音节形容词重叠式为AA，双音节形容词重叠式为AABB。无论哪种形式，都重在描写。如"好好地学""写得大大的""高高兴兴的样儿""打扫得干干净净"。

In spoken language, some adjectives in common use can be reduplicated. The reduplication form for monosyllabic adjectives is AA; the reduplication form for disyllabic adjectives is AABB. Both forms stress the description, e.g.: 好好地学，写得大大的，高高兴兴的样儿，打扫得干干净净.

注意：(1) 有些形容词不能重叠，如"错""累""好看""系统"等。

(2) 重叠式前边不能加程度副词。

Point for attention: (1) Some adjectives can not be reduplicated, such as

错，累，好看，系统 and so on. （2）Before the reduplication form, an adverb of degree can not be used.

（四）动词重叠（2） The reduplication of verbs (2)

已然性自主动作动词也可以重叠，但限于单音节的。其重叠形式为 A 了 A。如"看了看""笑了笑"。

The past action of selfcontrolled verbs can also be reduplicated, but the reduplication is limited to monosyllabic adjectives, the form of which is A 了 A, eg. 看了看，笑了笑.

第五课
味道好极了

 课文　Text

（一）

山本正是班里的"美食家"。他常对朋友说，中国菜在世界上非常有名，日本的每个大城市都有中国饭馆。有人只觉得中国菜好吃，可是他还不知道中国菜里有文化，有学问。就拿菜名儿来说，学问可大了。

山本正来中国以后，去过不少饭店吃饭。什么川菜、鲁菜，还有当地小吃，他差不多都品尝过。不过，比较起来，他还是更喜欢清淡一些的广东菜。

今天，方云天告诉他，学校附近新开了一家广东风味餐厅，生意很好。两个人商量了一下儿，就去找大内，请她一起去这家餐厅吃晚饭。

（二）

（大内上子正在宿舍楼门口的树下看书）

山　本：上子，快到吃饭时间了，还在这儿看书呢？

大　内：是你们二位呀。怎么，找我有事吗？

山　本：有事。不过你得答应我们，只许说"行"，不许说"不行"。

大　内：什么事？

方云天：请你吃饭，我和山本请客。

大　内：谢谢二位的关照，我当然说"行"了。去附近的饭馆还是进城？

方云天：学校南门有一家广东风味餐厅刚刚营业，咱们一块儿去尝尝。

大　内：正好，我还没吃过广东菜呢。

方云天：广东菜是中国八大菜系之一，非常有名。

山　本：听说用蛇肉做的广东菜，跟日本的生鱼片一样受人欢迎。

大　内：什么？蛇肉？我最怕蛇了。

山　本：你怕蝎子吗？

大　内：没人不怕。

山　本：可是，记得咱们一起吃油炸蝎子的时候，你一边吃，一边对我说……

大　内：说什么？

山　本：味道好极了！

生词　New words

1. 味道	（名）	wèidao	taste, flavor
2. 美食家	（名）	měishíjiā	gourmet
美	（形）	měi	beautiful, pretty, good, satisfactory
食	（名）	shí	food
3. 饭馆	（名）	fànguǎn	restaurant
4. 学问	（名）	xuéwen	knowledge
5. 拿…来说		ná…lái shuō	to take...as an example
6. 名儿	（名）	míngr	name
7. 可	（副）	kě	very
8. 饭店	（名）	fàndiàn	restaurant
9. 当地	（名）	dāngdì	local
10. 小吃	（名）	xiǎochī	snack
11. 差不多		chà bu duō	almost, nearly
12. 品尝	（动）	pǐncháng	to taste
13. 比较	（动）	bǐjiào	to compare

14. 清淡	（形）	qīngdàn	light, not greasy or strongly flavored
15. 风味	（名）	fēngwèi	special flavor, local color
16. 答应	（动）	dāying	to agree, to promise, to reply
17. 允许	（动）	yǔnxǔ	to allow, to permit
许	（动）	xǔ	to allow, to permit
18. 关照	（动）	guānzhào	to keep an eye on, to look after
19. 一块儿	（副、名）	yíkuàir	together, at the same place
20. 正好	（副、形）	zhènghǎo	just right, just in time
21. …之一		…zhīyī	one of…
22. 蛇	（名）	shé	snake
23. 肉	（名）	ròu	meat
24. 蝎子	（名）	xiēzi	scorpion
25. 油	（名）	yóu	oil
26. 炸	（动）	zhá	fry
27. 记得	（动）	jìde	to remember, to recall
28. 运动	（动、名）	yùndòng	to exercise; sports, movement
29. 网球	（名）	wǎngqiú	tennis
30. 排球	（名）	páiqiú	volleyball
31. 乒乓球	（名）	pīngpāngqiú	table tennis
32. 羽毛球	（名）	yǔmáoqiú	badminton
33. 保龄球	（名）	bǎolíngqiú	bowling
34. 高尔夫球	（名）	gāo'ěrfūqiú	golf
35. 建筑	（动、名）	jiànzhù	to build, to construct; building, edifice

第五课 味道好极了

	建	（动）	jiàn	to build, to construct
36.	设计	（动、名）	shèjì	to design, to plan; design
37.	闻名	（动）	wénmíng	wellknown, renowned
38.	政府	（名）	zhèngfǔ	government
39.	辣	（形）	là	hot, spicy
40.	几乎	（副）	jīhū	almost, nearly
41.	既…又…		jì…yòu…	both...and..., as well as
42.	美味佳肴		měi wèi jiā yáo	delicious food, delicacy
43.	增长	（动）	zēngzhǎng	to increase
44.	卡拉OK		kǎlā OK	karaoke

▶ ～～～～～～～～～～ 专名　Proper nouns

1.	景山	Jǐngshān	Jingshan Hill
2.	天坛	Tiāntán	the Temple of Heaven
3.	欧洲	Ōuzhōu	Europe
4.	川	Chuān	the abbreviated name of Sichuan Province
5.	四川	Sìchuān	name of a province
6.	鲁	Lǔ	the abbreviated name of Shandong Province
7.	广东	Guǎngdōng	name of a province
8.	山东	Shāndōng	name of a province

练习 Exercises

（一）语音 Pronunciation

1. 辨音辨调 Distinguish the sounds and tones

{ wèidao 味道
{ wàidao 外道

{ xuéwen 学问
{ xiéwén 斜纹

{ fēndiàn 分店
{ fàndiàn 饭店

{ zhènghòu 症候
{ zhènghǎo 正好

{ báijiǔ 白酒
{ páiqiú 排球

{ jiànzhèng 见证
{ jiànzhù 建筑

{ shèjì 设计
{ shìjì 世纪

{ wénmíng 闻名
{ rénmíng 人名

2. 三音节声调 Tones of tri-syllables

zhūbǎodiàn 珠宝店
zhōngbiǎodiàn 钟表店
xiūlǐdiàn 修理店
pīfādiàn 批发店

xiǎochīdiàn 小吃店
kǎoyādiàn 烤鸭店
xǐrǎndiàn 洗染店
shuǐguǒdiàn 水果店

wénjùdiàn 文具店
xiémàodiàn 鞋帽店
cháyèdiàn 茶叶店
língshòudiàn 零售店

fúzhuāngdiàn 服装店
shípǐndiàn 食品店
fùshídiàn 副食店
bǎihuòdiàn 百货店

3. 重音 Stress

我明天一定进城。

请前边上车。

他们都学习汉语。

他认真地做练习。

你慢慢地说。

我很了解他。

我从宾馆走。

（二）词语　Words and phrases

1. 用下列生词至少组成两个短语

   Make at least two phrases with each of the following words

   （1）学问＿＿＿＿　＿＿＿＿　　（2）设计＿＿＿＿　＿＿＿＿

   （3）建筑＿＿＿＿　＿＿＿＿　　（4）正好＿＿＿＿　＿＿＿＿

   （5）增长＿＿＿＿　＿＿＿＿　　（6）关照＿＿＿＿　＿＿＿＿

   （7）比较＿＿＿＿　＿＿＿＿　　（8）品尝＿＿＿＿　＿＿＿＿

   （9）答应＿＿＿＿　＿＿＿＿　　（10）允许＿＿＿＿　＿＿＿＿

   （11）记得＿＿＿＿　＿＿＿＿　　（12）闻名＿＿＿＿　＿＿＿＿

2. 从本课生词表中选择恰当的词语填空

   Fill in the blanks with the appropriate new words from this lesson

   （1）这个菜的＿＿＿＿＿＿怎么样？

   （2）我们学校附近有不少＿＿＿＿＿＿。

   （3）我刚到这里，请您多多＿＿＿＿＿＿。

   （4）这些食品，我们都应该＿＿＿＿＿＿一下。

   （5）你来得＿＿＿＿＿＿，我正要去找你。

   （6）我跟你们＿＿＿＿＿＿去，行吗？

   （7）张教授很有＿＿＿＿＿＿，他写了好几本书。

   （8）你不是喜欢吃＿＿＿＿＿＿的菜吗？这是广东菜。

   （9）大内上子会做中国菜，她做的菜＿＿＿＿＿＿好极了。

（10）_____非常关心教师的生活，今年为教师建了很多新的宿舍楼。

（11）这个建筑很有特色，是谁_____的？

（12）我不太喜欢四川菜，四川菜太_____。

（13）这是一家山东_____的饭馆，咱们进去品尝品尝怎么样？

（14）长城是世界_____的伟大（wěidà）建筑。

（15）你不是广东人，也喜欢吃_____吗？

（16）北京的名胜古迹我_____去遍了。

（17）跟有学问的人在一起，可以_____学问。

3. 用本课生词回答问题

Answer the questions, using the new words in this lesson

（1）你们班有美食家吗？

（2）谁是美食家？

（3）你常去饭馆吃饭吗？

（4）你喜欢去学校食堂吃饭还是去饭馆吃饭？

（5）你怕蛇吗？

（6）你吃过蛇肉吗？

（7）你们班有属蛇的吗？

（8）你怕蝎子吗？

（9）你吃过油炸蝎子吗？

（10）你吃过生鱼片吗？

（三）读后连线 After reading, link line

我们班的同学都喜欢体育运动。艾米喜欢游泳和滑冰。贝拉喜欢爬山。大内喜欢打网球和排球。山本喜欢打保龄球和高尔夫球。彼得喜欢打乒乓球和羽毛球。金汉成喜欢打篮球和踢足球。

艾米	爬山
	游泳
贝拉	打网球
	滑冰
大内	打高尔夫球
	打排球
山本	打乒乓球
	踢足球
彼得	打羽毛球
	打保龄球
金汉成	打篮球

（四）按照下列情景，用本课句型谈话

Have a talk on the following topics，using the patterns in the text

1. 你请你的朋友进城看电影。
2. 你请朋友去山东风味餐厅吃饭。

（五）成段表达 Say as much as possible on the following topic

  贝拉是班里的_____，她常对朋友说，意大利菜在欧洲_____，欧洲的_____都有意大利饭馆。有人只觉得意大利菜好吃，可是他还不知道_____，就拿_____来说，_____。

  贝拉去过很多欧洲国家旅游，也去过不少_____。什么_____、_____，还_____，她都吃过。不过，比较起来，她还是更_____。

  今天，贝拉听说_____新开了一家意大利风味餐厅，她想请_____一块儿去这家餐厅品尝品尝_____。

（六）阅读   Reading

中国菜里有文化

中国菜闻名世界，几乎各个国家都有中国饭馆。

山本正对中国菜很有研究，班里同学都叫他"美食家"。他常说，中国菜里有文化，有学问。就拿菜名来说，什么"全家福"（quánjiāfú, name of a dish）、"东坡肉（dōngpōròu, name of a dish）"、"八仙盘"（bāxiānpán, name of a dish），这里边的学问可大了。

同学们都很爱吃中国菜，可是不太了解中国菜里的文化和学问。他们喜欢跟山本正一起去饭馆吃饭，一边吃一边听他介绍，既品尝了美味佳肴，又增长了学问。

1. 回答问题   Answer the questions
   （1）这篇短文的主要意思是什么？
   （2）第一段的主要意思是什么？
   （3）第二段的主要意思是什么？
   （4）第三段的主要意思是什么？

2. 复述短文   Retell the reading

（七）功能会话：听后模仿

Functional conversation：listen then imitate

1. 询问病情   Asking about the state of illness
   （1）A：你怎么了？
       B：头疼，发烧。

（2）A：你哪儿不舒服？

　　　B：咳嗽，嗓子疼。

（3）A：您觉得哪儿不舒服？

　　　B：头疼，发烧。

（4）A：您从什么时候开始不舒服的？

　　　B：从前天开始就咳嗽、发烧了。

（5）A：吃饭怎么样？

　　　B：我什么东西都不想吃。

（6）A：大小便正常吗？

　　　B：正常。

（7）A：您现在觉得好点儿了吗？

　　　B：好多了。

2. 询问价钱　Asking about the price

（1）A：这袜子多少钱一双？

　　　B：这袜子 12 块一双。

（2）A：这苹果一斤多少钱？

　　　B：这苹果一斤 3 块 5。

3. 询问天气　Asking about the weather

（1）A：你们国家夏天不这么热吧？

　　　B：我们国家夏天也这么热。

（2）A：你听天气预报了吗？

　　　B：听了。今天白天晴，最高气温 32°C。

（3）A：明天天气怎么样？

　　　B：天气预报说，明天有中雨。

（4）A：明天什么天儿？

　　　B：看样子明天是好天儿。

（5）A：明天有雨吗？

　　　B：没雨，有四、五级风。

4. 称赞　Compliments

（1）A：还挺谦虚呢!

　　　B：跟中国朋友学的。

（2）A：还挺客气呢。

　　　B：跟你学的。

5. 遗憾　Regrets

（1）A：真遗憾!

　　　B：你遗憾什么？

　　　A：今天也是我的生日，该多好!

（2）A：真遗憾!

　　　B：你遗憾什么？

　　　A：白老师要是来，该多好!

语法　Grammar

状语的成分　Elements of adverbials

充当状语的成分主要有以下几种：

The main elements of adverbials are：

1. 名词，包括时间名词、方位（/处所）名词等。如：

　　Nouns including the noun of time, location, place and so on, e.g.:

（1）我明天有空儿。

（2）请前边上车。

2. 数量词。如：

Numeral measure words，e.g.：

（1）下一课的生词，我一个也没预习。

（2）那个地方，我一次也没去过。

3. 介宾短语。如：

Prepositional phrases，e.g.：

（1）我跟你一起去。

（2）我们在哪儿上车？

4. 形容词或形容词短语。如：

Adjectives or adjective phrases，e.g.：

（1）他努力学习汉语。

（2）他很认真地回答老师的问题。

5. 动词或动词短语。如：

Verbs or verbal phrases，e.g.：

（1）她笑着说："我请客，你付钱。"

（2）他带着我们去公园。

6. 副词。如：

Adverbs，e.g.：

（1）这个办法比较好。

（2）我们都喜欢游泳。

附录 Appendix

中国八大菜系　Eight Cuisines in China

山东菜(鲁菜) Shāndōngcài(Lǔcài)	其特点是鲜嫩、味纯。 Shandong Cuisine is characterized by its emphasis on freshness, tenderness and pure.
四川菜(川菜) Sìchuāncài(Chuāncài)	以麻辣、味厚著称。 Sichuan Cuisine is China's hottest and spiciest cuisine and characterized by thick flavor.
广东菜(粤菜) Guǎngdōngcài(Yuècài)	主要特点是清淡、生脆。 Guangdong Cuisine is not greasy and characterized by its emphasis on freshness and crispness.
江苏菜(苏菜) Jiāngsūcài(Sūcài)	清淡酥香是其主要特点。 Jiangsu Cuisine is not greasy, and with mellow fragrance.
浙江菜(浙菜) Zhèjiāngcài(Zhècài)	其中以杭州菜最为有名，特点是鲜、脆、软、滑，保持原味。 Be famous for Hangzhou Cuisine, not greasy, wins its reputation for freshness, crispness, softness, smoothness of its dishes with mellow fragrance.
福建菜(闽菜) Fújiàncài(Mǐncài)	色调美观，滋味清鲜，注重甜酸咸香。 Fujian Cuisine is distinguished for beautiful color and magic taste of sweet, sour, salty and savory.
湖南菜(湘菜) Húnáncài(Xiāngcài)	制作精细，用料广泛，油重色浓，讲求实惠。 Hunan Cuisine characterizes itself by thick and pungent flavor, with delicate elegance and various ingredients.

（续表）

安徽菜（淮菜） Ānhuīcài（Huáicài）	重火功，以（烧、煮），蒸、焖为主，重油，重色。Anhui Cuisine chefs focus much more attention on the temperature in cooking and are good at braising and stewing. Often hams will be added to improve taste and sugar candy added to gain freshness.

第六课
这是第一次吃蛇肉

课文 Text

(一)

(方云天、山本正和大内上子一同走进这家广东风味餐厅)

服务员:欢迎你们,请里边坐。几位想吃点儿什么?这是菜单儿。

方云天:请给我们介绍几个拿手的风味菜。

服务员:好的,来个龙凤丝儿,一盘发财猪手,一个炖牛肉,再来一个蛇羹,怎么样?

大　内:什么叫龙凤丝儿?

服务员:这是广东名菜,是用蛇肉和鸡肉做的。

山　本:真有意思。有机会,一定去广东看看。

方云天:小姐们都是很喜欢吃青菜的,再来个炒青菜吧。

大　内:谢谢。你想得真周到。

第六课　这是第一次吃蛇肉

服务员：来点儿什么饮料？

方云天：(对山本)来瓶白酒，怎么样？

山　本：我一喝白酒就脸红，
　　　　还是喝点儿啤酒吧。

大　内：我连啤酒也不能喝。

方云天：那就来两瓶啤酒，再来一听可口可乐和一听雪碧。

服务员：吃什么主食？

大　内：三碗米饭。

（二）

山　本：小姐，请结账。

服务员：请稍等。……一共117块5。

方云天：这是120元，不用找了。

服务员：谢谢，几位吃得还满意吗？

山　本：我来中国快两个月了。这是第一次吃蛇肉，很好吃。

大　内：味道的确不错。

生词 New words

1. 菜单(儿) （名） càidān(r) menu
2. 拿手 （形） náshǒu to be good ot, expert
3. 龙 （名） lóng dragon
4. 凤 （名） fèng phoenix
5. 丝儿 （名） sīr shredded (meat)
6. 盘 （名、量） pán (a measure word) plate
7. 发财 fā cái to get rich, to make a fortune
8. 猪 （名） zhū pig
9. 炖 （动） dùn to stew
10. 牛 （名） niú cow, bull
11. 羹 （名） gēng a thick soup
12. 鸡 （名） jī chicken, rooster, hen
13. 炒 （动） chǎo to stirfry, to fry
14. 青菜 （名） qīngcài green vegetables
    青 （形） qīng green or blue
15. 白酒 （名） báijiǔ white spirit
16. 听 （量） tīng can, tin
17. 可口可乐 kěkǒukělè Coca Cola
18. 雪碧 xuěbì sprite (name of a soft drink)
19. 连…也/都… lián…yě/dōu… even
20. 主食 （名） zhǔshí staple food
21. 碗 （名、量） wǎn bowl; (a measure word)

22. 结账			jié zhàng	to settle accounts
账	（名）		zhàng	account
23. 稍	（副）		shāo	a little, a bit, slightly
24. 满意	（动、形）		mǎnyì	to satisfy; satisfied, satisfactory
25. 的确	（副）		díquè	indeed, really
26. 汤	（名）		tāng	soup
27. 葡萄酒	（名）		pútaojiǔ	grape wine
葡萄	（名）		pútao	grape
28. 汽水儿	（名）		qìshuǐr	soft drink, soda water
29. 果汁儿	（名）		guǒzhīr	fruit juice
30. 麻	（形、动）		má	tingle; numb, insensitive
31. 满	（形、动、副）		mǎn	full, packed; to fill, to reach the limit; entirely
32. 汗	（名）		hàn	sweat, perspiration
33. 治	（动）		zhì	to cure, to treat, to rule
34. 从来	（副、形）		cónglái	always, at all times
35. 并	（副）		bìng	(used before a negative form to indicate that the fact is not as one may think or expect)
36. 开演	（动）		kāiyǎn	(of a play, movie, etc.) to begin, to start

练习　Exercises

（一）语音　Pronunciation

1. 辨音辨调　Distinguish the sounds and tones

cǎidàn	彩蛋	fā cái	发财	biǎndan	扁担
càidān	菜单	fàcài	发菜	bǎndèng	板凳
qíncài	芹菜	jié zhàng	结账	mǎnyì	满意
qīngcài	青菜	jiē zhàn	接站	mǎnyuè	满月
dìqū	地区	lāshǒu	拉手	huàjù	话剧
díquè	的确	náshǒu	拿手	huájī	滑稽

2. 三音节声调　Tones of tri-syllables

fēijīchǎng	飞机场	huábīngchǎng	滑冰场
bīngqiúchǎng	冰球场	zúqiúchǎng	足球场
jūnmǎchǎng	军马场	yóuyǒngchǎng	游泳场
fāshèchǎng	发射场	zájìchǎng	杂技场
yǎngjīchǎng	养鸡场	shèjīchǎng	射击场
wǎngqiúchǎng	网球场	bàngqiúchǎng	棒球场
dǎbǎchǎng	打靶场	sàimǎchǎng	赛马场
tǐyùchǎng	体育场	yùndòngchǎng	运动场

3. 重音　Stress

他来中国三个月了。
他起床半个小时了。
他大学毕业两年了。
他爷爷去世五年了。

第六课　这是第一次吃蛇肉

（二）词语　Words and phrases

1. 用下列生词至少组成两个短语
   Make at least two phrases with each of the following words

   (1) 并 _____ _____　　(2) 从来_____ _____

   (3) 满意_____ _____　　(4) 的确_____ _____

   (5) 满 _____ _____　　(6) 敢 _____ _____

   (7) 演 _____ _____　　(8) 治 _____ _____

   (9) 炒 _____ _____　　(10) 炖 _____ _____

   (11) 飞 _____ _____　　(12) 开演_____ _____

2. 从本课生词表中选择恰当的词语填空
   Fill in the blanks with the appropriate new words from this lesson

   (1) 你喝_____还是_____？

   (2) 我不能喝酒，来一听_____吧。

   (3) 今天真热，我头上出了很多_____。

   (4) 我不认识_____上的汉字。

   (5) 今天的菜很好吃，大家吃得很_____。

   (6) 同学们对这儿的学习条件很_____。

   (7) 请你在这儿_____等一会儿。

   (8) 这种药可以_____头疼。

   (9) 小姐，我们吃完了，请_____。

   (10) 今天的考试_____不难。

   (11) 我_____没听说过这件事。

   (12) 晚上我一个人不_____出去。

   (13) 一到冬天我的_____就疼。

   (14) 中国人的习惯是吃饭以后喝_____。

   (15) 赵先生现在有很多钱，他_____了。

   (16) 我属_____，他属_____。

   (17) "电影几点_____？" "7点_____。"

(三) 句型　Sentence patterns

1. 替换　Substitution

(1) 我是很喜欢<u>游泳</u>的。

> 吃肉
> 吃鱼
> 吃青菜
> 喝白酒
> 喝葡萄酒
> 喝啤酒
> 喝汽水儿
> 喝果汁儿
> 喝汤
> 滑冰
> 旅行
> 打网球
> 开玩笑
> 开汽车

(2) 她并不是很<u>高兴</u>的。

> 幸福
> 厉害
> 着急
> 实在
> 积极
> 漂亮
> 满意
> 努力
> 认真
> 谦虚

(3) 他会<u>告诉你</u>的。

> 通知你
> 聘请你
> 邀请你们
> 帮助你们
> 喜欢这儿
> 提高质量
> 恢复健康
> 照顾那些孩子
> 做好这件事情
> 想得很周到

(4) 我昨天晚上写了<u>一小时信</u>。

打	三个小时	字
打	一刻钟	电话
听	一个小时	广播
看	两个小时	电视
擦	20分钟	皮鞋
打	40分钟	太极拳
打	半个小时	保龄球
打	一个半小时	乒乓球
练习	一个小时	书法
复习	两个小时	课文

(5) 我昨天晚上<u>写信</u>写了<u>一个小时</u>。

打	字	三个小时
打	电话	一刻钟

听	广播	一个小时
看	电视	两个小时
擦	皮鞋	20分钟
打	太极拳	40分钟
打	保龄球	半个小时
打	乒乓球	一个半小时
练习	书法	一个小时
复习	课文	两个小时

2. 回答问题，先否定回答，再用所给的词肯定回答

Answer the questions, first with the negative forms then with the affirmative using the words given

（1）你是来借书的吗？（还书）

（2）他们是来学习的吗？（旅行）

（3）你们是来表演的吗？（看表演）

（4）她是来看病的吗？（看病人）

（5）你是去旅行的吗？（看朋友）

（6）那个人是卖菜的吗？（卖肉）

（7）这个商店是卖空调的吗？（电脑）

（8）那个老师是教外国留学生的吗？（中国学生）

（9）这个工厂是生产中药的吗？（西药）

（10）白老师是那个穿红衣服的吗？（蓝衣服）

（四）按照下列情景，用本课句型谈话

Have a talk on the following topics, using the patterns in the text

（你和你的同学分别扮演顾客和服务员）

1. 你去一家四川风味饭馆吃饭。

2. 你去一家山东风味饭馆吃饭。

3. 你去一家烤鸭店吃饭。

(五) 成段表达　Say as much as possible on the following topic

讲述一次在饭馆吃饭的经历。

(六) 阅读　Reading

我什么都能吃

(在食堂，几个同学一边吃饭，一边聊天)

贝　拉：(对山本)"美食家"，你最喜欢哪些中国菜？

山　本：中国八大菜系我已经吃过三四种，有川菜、粤菜、鲁菜，还有北京烤鸭。我觉得都挺好吃，不过，我还是更喜欢粤菜，粤菜比较清淡。

贝　拉：广东菜我吃过。可是我觉得川菜更有味道，就是有点儿辣。

金汉成：不麻不辣能叫川菜？我觉得川菜最好。一边吃着麻辣鸡丝，一边喝着白酒，满头大汗，特别舒服，而且还可以治感冒。

山　本：我的身体特别棒，你们知道为什么吗？

贝　拉：是因为你经常吃生鱼片吧？

山　本：不是。我是什么都能吃，什么也爱吃，从来不挑食，跟广东人一样，天上飞的，除了飞机不吃；地上跑的，除了汽车不吃。

贝　拉：水里的呢？

山　本：除了船不吃。

1. 选择正确答案　Multiple choice

(1) 粤菜的特点是什么？

　　A. 有点儿辣　　B. 又麻又辣　　C. 清淡　　D. 舒服

（2）川菜的特点是什么？

　　A. 有点儿辣　　　　　　B. 又麻又辣

　　C. 清淡　　　　　　　　D. 舒服

（3）贝拉最喜欢吃什么菜？

　　A. 川菜　　B. 鲁菜　　C. 粤菜　　D. 烤鸭

（4）吃什么可以治感冒？

　　A. 川菜　　B. 鲁菜　　C. 粤菜　　D. 烤鸭

（5）山本的身体为什么特别棒（bàng）？

　　A. 爱吃生鱼片　　　　　B. 爱吃天上飞的

　　C. 爱吃地上跑的　　　　D. 不挑食，什么都爱吃

2. 复述短文　Retell the reading

四　语法　Grammar

（一）"是……的"句（2）　是…的-sentence (2)

汉语里，从性质或状态方面对人或事物进行定位时，也用"是……的"句。如：

In Chinese，是…的-sentence can also be used to describe the quality or the state of people or things，e.g.：

（1）他是经商的。

（2）他是了解情况的。

（3）我是很喜欢游泳的。

（4）他是有可能来的。

注意：（1）一般动词之前有能愿动词"会"时，"是"以省略为常见。

如：

Point for attention：（1）Usually, when the auxiliary 会 is used before a verb, 是 can be omitted, e.g.:

（1）他会告诉你的。

（2）我会做好这个工作的。

（2）否定形式，除"不是……的"外，还有"是不／没（有）……的"。如：

Both 不是…的 and 是不／没（有）…的 are the negative forms of 是…的-sentence, e.g.:

（1）他不是很高兴的。

（2）他是不同意这样做的。

（3）我是没有姐姐的。

（二）时量补语（2）　Complement of time-measure (2)

述语可带定量的时量补语。如：

The predicative of the sentence can be followed by a complement of a definite time-measure, e.g.:

（1）我昨天晚上写了一个小时信。

（2）我昨天晚上写信写了一个小时。

注意：（1）时量补语要紧跟在述语之后。（2）时量补语可转化为"伪定语"，如"我昨天晚上写了一个小时的信"。

Point for attention：（1）Complement of time-measure must follow the predicative immediately.（2）Complement of time-measure can be regarded as a false attributive, e.g.: 我昨天晚上写了一个小时的信.

第七课
我们家是四世同堂

课文　Text

（一）

星期六下午三点，彼得准时来到赵林家。

看见客人来了，赵林一家人都非常高兴。赵林的父亲握着彼得的手说："欢迎你来我们家做客。快请到屋里坐。"赵林的妻子杨静连忙去沏茶，儿子立春马上端来了水果。赵林的母亲跟客人说了几句话就进了厨房，她想请客人尝尝她包的饺子。

赵林陪客人参观他的家。他家住的是四合院。北房三间，两边是两间卧室，中间隔着一间客厅。三间西房是赵林夫妇和孩子的卧室。东

房是厨房和餐厅。南面的两间是书房。

赵林和彼得走进客厅。客厅里有一个大沙发和两个小沙发，两个小沙发中间是一个茶几，茶几上放着一套漂亮的茶具。地上铺着红地毯，墙上挂着两幅山水画。中间挂着一张大照片。

（二）

彼得看着照片问赵林："这是你们全家的合影吧？"

"对。这叫全家福。你看，我们家是四世同堂。"

"中间坐着的是——"

"我奶奶。"

"老人今年多大岁数了？"

"82岁。你看，身体还挺好。"

"她今天没在家？"

"她现在住我叔叔家里。"

"这两位是你的父亲母亲,我没说错吧?"

"没错。父亲的左边是叔叔和婶子,母亲的右边是我姑姑。"

"这个站着的小姑娘是谁?"

"是我哥哥的女儿立秋,她今天报名参加电脑学习班,还没回来。"

"立春呢?我怎么没找到立春?"

"叔叔,你找我?我在床上躺着看电视呢。"立春在旁边的卧室里回答。

生词 New words

1.	四世同堂		sì shì tóng táng	four generations live together
2.	沏	(动)	qī	to make(tea), to infuse(tea)
3.	马上	(副)	mǎshàng	at once, immediately
4.	端	(动)	duān	to hold sth. 1evel with both hands, to carry
5.	厨房	(名)	chúfáng	kitchen
6.	陪	(动)	péi	to keep sb. company, to accompany

第七课　我们家是四世同堂

7. 四合院	（名）	sìhéyuàn	a compound with houses around a courtyard
8. 房	（名）	fáng	house, room
9. 间	（量）	jiān	(a measure word for rooms)
10. 隔	（动）	gé	to partition, to separate
11. 客厅	（名）	kètīng	sitting room
12. 夫妇	（名）	fūfù	wife and husband
13. 书房	（名）	shūfáng	a study
14. 茶几	（名）	chájī	tea table, side table
15. 茶具	（名）	chájù	tea set
16. 铺	（动）	pū	to spread, to unfold, to pave
17. 地毯	（名）	dìtǎn	rug, carpet
18. 合影	（名、动）	héyǐng	group photo; to have a group photo taken
19. 全家福	（名）	quánjiāfú	photo of a whole family
福	（名）	fú	happiness, good fortune
20. 岁数	（名）	suìshu	age
21. 婶子	（名）	shěnzi	aunt, wife of father's younger brother
22. 姑姑	（名）	gūgu	aunt, father's sister
23. 躺	（动）	tǎng	to lie
24. 收音机	（名）	shōuyīnjī	radio
25. 站	（动）	zhàn	to stand
26. 气功	（名）	qìgōng	Qigong

27. 挂	（动）	guà		to hang, to ring off
28. 梦	（动、名）	mèng		to dream; dream
29. 做梦		zuò mèng		to have a dream, to dream
30. 姥姥	（名）	lǎolao		grandmother
31. 姥爷	（名）	lǎoye		grandfather
32. 舅舅	（名）	jiùjiu		uncle, mother's brother
33. 舅妈	（名）	jiùmā		aunt, wife of mother's brother
34. 姨	（名）	yí		aunt, mother's sister
35. 姨父	（名）	yífu		uncle, husband of mother's sister
36. 阿姨	（名）	āyí		aunt
37. 阿	（头）	ā		(prefix of a person's name)
38. 热闹	（形）	rènao		lively, bustling with noise and excitement, a thrilling sight
39. 祝贺	（动）	zhùhè		to congratulate
40. 院子	（名）	yuànzi		yard, courtyard
41. 行李	（名）	xíngli		luggage, baggage

▶ ～～～～～～～～～～ 专名　Proper nouns

1. 杨静		Yáng Jìng	name of a person
2. 立春		Lìchūn	given name of a person; the Beginning of Spring
3. 立秋		Lìqiū	given name of a person; the Beginning of Autumn

第七课 我们家是四世同堂

练习 Exercises

（一）语音 Pronunciation

1. 辨音辨调 Distinguish the sounds and tones

chúfáng 厨房	chájù 茶具	dàtīng 大厅
shūfáng 书房	chájī 茶几	kètīng 客厅
fēnfù 吩咐	dàoyǐng 倒影	qìgōng 气功
fūfù 夫妇	héyǐng 合影	qígōng 奇功
rènao 热闹	zhùzuò 著作	yuánzi 园子
rěnǎo 惹恼	zhùhè 祝贺	yuànzi 院子

2. 三音节声调 Tones of tri-syllables

gējùyuàn 歌剧院	guówùyuàn 国务院
cānyìyuàn 参议院	bówùyuàn 博物院
kēxuéyuàn 科学院	yánjiūyuàn 研究院
gū'éryuàn 孤儿院	liáoyǎngyuàn 疗养院
jiǎncháyuàn 检察院	sìhéyuàn 四合院
měiróngyuàn 美容院	huàjùyuàn 话剧院
wǔjùyuàn 舞剧院	jìnglǎoyuàn 敬老院
yǎnglǎoyuàn 养老院	diànyǐngyuàn 电影院

3. 语调 Sentence intonation

（1）中间坐着的是——
　　旁边站着的是——
　　前边走着的是——
　　床上躺着的是——

（2）她今天没在家？
　　他今天没回家？
　　他今天没吃饭？
　　他今天没上课？

（二）词语　Words and phrases

1. 用下列生词至少组成两个短语
   Make at least two phrases with each of the following words

   （1）隔　_____　_____　　（2）马上_____　_____
   （3）祝贺_____　_____　　（4）端　_____　_____
   （5）梦　_____　_____　　（6）热闹_____　_____
   （7）铺　_____　_____　　（8）陪　_____　_____

2. 从本课生词表中选择恰当的词语填空
   Fill in the blanks with the appropriate new words from this lesson

   （1）你父亲多大_____了？
   （2）服务员_____来一碗汤。
   （3）他买了一套漂亮的_____。
   （4）他买了一条漂亮的红_____。
   （5）_____就是叔叔的爱人。
   （6）_____是爸爸的姐姐或者妹妹。
   （7）赵林每天晚上在_____里写文章。
   （8）杨静在_____做饭呢。
   （9）赵林的妻子给彼得_____了一杯乌龙茶。
   （10）赵林家不住楼房，住的是_____。
   （11）这条大街非常_____，有很多商店。
   （12）我天天夜里做_____，睡得不好。
   （13）赵林的父亲每天早上在院子里练_____，他的身体很好。
   （14）客厅的地上_____着新地毯。

（三）句型　Sentence patterns

1. 替换　Substitution

   （1）A：你到刘英家的时候，她干什么呢？

   　　　B：她在<u>床上</u> <u>躺</u>着<u>看书</u>呢。

床上	躺	睡觉
床上	躺	听收音机
沙发上	坐	看报
沙发上	坐	看电视
沙发上	坐	喝茶
沙发上	坐	喝咖啡
院子里	站	练气功
外面	站	跟别人谈话

   （2）A：<u>桌子上</u> <u>放</u>着什么？

   　　　B：<u>桌子上</u> <u>放</u>着<u>两本词典</u>。

茶几上	放	一套茶具
书架上	放	一个收音机
床下	放	一双皮鞋
桌子旁边	放	两把椅子
墙上	挂	一些照片
墙上	挂	两幅山水画儿
地上	放	几件行李
地上	铺	一块红地毯
卧室中间	隔	一间客厅

2. 把下列词语连成句子　Put the words into sentences

(1) 公园　在　里　画　艾米　画儿　呢　坐　着

(2) 躺　在　床　立春　着　上　电视　呢　看

(3) 阅览室　看　呢　画报　坐　在　着　里　立秋

(4) 门口　学校　在　他们　谈话　站　着　呢

(5) 姑姑　赵林　的　等　着　在　里　医院　看病　呢

(6) 一　个　讲台　放　录音机　着　上

(7) 写字台　电话机　放　一　个　着　上

(8) 行李　他们　地　上　的　着　放

(9) 贴　着　门　上　一　个　"福"　字　的　红色

(10) 全　家　挂　上　墙　合影　的　着

（四）成段表达　Say as much as possible on the following topic

1. 以课文为模式讲述你的家或者你的宿舍。

2. 访问一个中国朋友或老师的家，然后讲述访问的情况。

（五）阅读　Reading

立春很喜欢过生日

立春是个聪明可爱的小男孩儿，彼得很喜欢他。彼得跟立春一边看电视，一边聊天儿。

"立春，你有5岁了吧？"

"不，叔叔，再过一个月我就6岁了。妈妈说，下个月26号，全家人给我过生日。"

"你一定很喜欢过生日吧？"

"我做梦都梦到过生日。妈妈说,到了那天,我们家里人,还有我姥姥、姥爷、舅舅、舅妈、我姨和姨父他们都来。对了,王阿姨也来。"

"王阿姨是谁?"

"我妈妈的朋友。"

"那一定很热闹。"

"当然了。妈妈说,给我买一个这么大的蛋糕,还有好多好吃的。叔叔,你也来,好吗?我还让奶奶给你包饺子。"

"谢谢你,立春。要是有时间,我一定来祝贺你的生日。"

1. 读后复述　Retell the reading

2. 朗读短文　Read the text aloud

语法　Grammar

(一) 动态助词"着"(2)　The aspectual particle 着 (2)

动态助词"着"还可表示静止状态的持续。如:

The aspectual particle 着 can indicate the continuance of static state, e.g.:

(1) 我到他宿舍的时候,他在床上躺着呢。

(2) 你怎么还站着?

(二) 存在句(2)　Sentence of existence (2)

动词带上动态助词"着",可构成存在句。这种存在句的语序是:

A verb followed by the aspectual particle 着 can form a sentence of existence. The structural order of such sentences is as follows:

表示方位的名词短语+动词+着+表示人或事物的名词或名词短语。如：

nominal phrase indicating location +verb + 着 +noun or nominal phrase indicating people or things，e.g.：

（1）桌子上放着两本词典。

（2）墙上挂着一张大照片。

五 附件 Appendices

1. 中国的亲属称谓 Chinese Forms of Address for Relatives

表1

爷爷(祖父)　　奶奶(祖母)　　　　姥爷(外祖父)　　姥姥(外祖母)
yéye(zǔfù)　　nǎinai(zǔmǔ)　　　lǎoye(wàizǔfù)　　lǎolao(wàizǔmǔ)

爸爸(父亲)　　　　　　　　　　妈妈(母亲)
bàba(fùqin)　　　　　　　　　　māma(mǔqin)

哥哥　　姐姐　　我 / 他　　弟弟　　妹妹
gēge　　jiějie　　wǒ / tā　　dìdi　　mèimei

嫂子　　姐夫　　妻子　　弟妹　　妹夫
sǎozi　　jiěfu　　qīzi　　dìmèi　　mèifu

儿子　　　　　　　　　　女儿
érzi　　　　　　　　　　nǚ'ér

儿媳妇　　　　　　　　　女婿
érxífu　　　　　　　　　nǚxu

孙子　　孙女　　　　外孙　　外孙女
sūnzi　　sūnnǚ　　　wàisūn　　wàisūnnǚ

表2

(1) 公公、婆婆——丈夫的父亲、母亲
　　gōnggong、pópo

(2) 岳父、　岳母——妻子的父亲、母亲
　　yuèfù、yuèmǔ

(3) 伯伯——父亲的哥哥
　　bóbo
　　叔叔——父亲的弟弟
　　shūshu

(4) 舅舅——母亲的兄弟
　　jiùjiu

(5) 姑妈（姑姑）——父亲的姐妹
　　gūmā（gūgu）

(6) 姨妈（姨）——母亲的姐妹
　　yímā（yí）

(7) 堂兄——伯伯、叔叔的儿子
　　tángxiōng
　　堂弟——伯伯、叔叔的儿子
　　tángdì
　　堂姐——伯伯、叔叔的女儿
　　tángjiě
　　堂妹——伯伯、叔叔的女儿
　　tángmèi

(8) 表兄——姑妈、舅舅、姨妈的儿子
　　biǎoxiōng
　　表弟——姑妈、舅舅、姨妈的儿子
　　biǎodì
　　表姐——姑妈、舅舅、姨妈的女儿
　　biǎojiě
　　表妹——姑妈、舅舅、姨妈的女儿
　　biǎomèi

2. 农历二十四节气表 Table the 24 Solar Terms in the Lunar Calendar

四季 sìjì	农历月序 nónglì yuèxù	节气 jiéqi	公历常见日期 gōnglì chángjiàn rìqī	传统含义 chuántǒng hányì
春	正月	立春 lìchūn	2月4、5日	春天开始，天气开始变暖
		雨水 yǔshuǐ	2月18、19日	开始降雨
	二月	惊蛰 jīngzhé	3月5、6日	开始响雷，冬眠动物开始活动
		春分 chūnfēn	3月20、21日	春季的中间，昼夜平分
	三月	清明 qīngmíng	4月4、5日	温暖，天气清和明朗
		谷雨 gǔyǔ	4月20、21日	降雨量增多，对谷物生长有利
夏	四月	立夏 lìxià	5月5、6日	夏季开始，气温增高
		小满 xiǎomǎn	5月21、22日	小麦等夏熟作物子粒逐渐饱满
	五月	芒种 mángzhòng	6月5、6日	麦类等有芒作物成熟
		夏至 xiàzhì	6月21、22日	夏天来到，白天最长，夜晚最短
	六月	小暑 xiǎoshǔ	7月7、8日	天气开始炎热
		大暑 dàshǔ	7月22、23日	一年中最热的时节

(续表)

四季 sìjì	农历 nónglì 月序 yuèxù	节气 jiéqi	公历 常见 gōnglì chángjiàn 日期 rìqī	传统 含义 chuántǒng hányì
秋	七月	立秋 lìqiū	8月7、8日	秋季开始，气温逐渐下降
		处暑 chùshǔ	8月23、24日	炎热即将过去
	八月	白露 báilù	9月7、8日	夜里较凉，出现露水
		秋分 qiūfēn	9月23、24日	秋季的中间，昼夜平分
	九月	寒露 hánlù	10月8、9日	气温明显降低，夜间露水较凉
		霜降 shuāngjiàng	10月23、24日	开始降霜
东	十月	立冬 lìdōng	11月7、8日	冬季开始，天气开始变冷
		小雪 xiǎoxuě	11月22、23日	开始降雪
	十一月	大雪 dàxuě	12月7、8日	降雪较大
		冬至 dōngzhì	12月21、22日	进入"数九"寒冬，此时，白天最短，夜晚最长
	腊月	小寒 xiǎohán	1月5、6日	气候比较寒冷
		大寒 dàhán	1月20、21日	一年中最冷的时节

第八课
我们俩完全平等

课文　Text

（晚饭以后，赵林夫妇和彼得一起坐着聊天儿。说着说着，就说到中国人的家庭生活这个话题上了）

彼　得：赵先生，在中国像你们这样四世同堂的家庭多不多？

赵　林：不多了。现在的家庭一般只有两代，三口人。

杨　静：过去中国人认为多子多福，现在这种观念已经开始改变了。

彼　得：我们美国人喜欢这样的小家庭，人少，矛盾少，家务事也少。

杨　静：你说得对。人多，家务事就多，每天都累得不得了。

彼　得：你们的假日是怎么过的？

赵　林：一到星期五下午，先得把立春从幼儿园接回家。星期六、星期天有的时候带孩子去公园玩儿，有的时候去看看我奶奶。

杨　静：我的星期天可以说跟上班一样忙，买菜、做饭、洗衣服，还得教孩子写字、画画儿。

彼　得：听说许多中国男人都会做饭、洗衣服，是这样吗？

赵　林：是这样。就说我吧，我就能做一手儿好菜，做别的家务也没有问题。

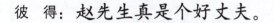

彼　得：赵先生真是个好丈夫。

赵　林：是啊，像我这样的丈夫打着灯笼也难找。对吧，杨静？

杨　静：你又吹牛了。

彼　得：（笑）赵先生，听说中国有些男人有"妻管严"，是这样吗？

赵　林：对。不少中国男人是有这种"病"，可我没有。不信，你问问她。

杨　静：我们俩完全平等，有事互相商量。

赵　林：不过，家里大事还是由我做主，小事才由她做主。

彼　得：在家里哪些事算是大事？

赵　林：我们结婚七年了，到现在还没遇到过什么大事。

生词　New words

1. 平等　　　（形）　　píngděng　　equal
2. 话题　　　（名）　　huàtí　　　　topic
3. 一般　　　（形）　　yìbān　　　　ordinary, general, average
4. 代　　　　（量）　　dài　　　　　generation
5. 过去　　　（名）　　guòqù　　　　past
6. 子　　　　（名）　　zǐ　　　　　　son, child
7. 观念　　　（名）　　guānniàn　　concept, sense
8. 矛盾　　（动、名）　máodùn　　　to contradict; contradiction
9. 家务　　　（名）　　jiāwù　　　　housework
10. 不得了　　　　　　　bù déliǎo　　horrible, extremely, terribly
11. 把　　　　（介）　　bǎ　　　　　（a preposition used in the 把-structure)(see Grammar)
12. 有的　　　（代）　　yǒude　　　　some
13. 男人　　　（名）　　nánrén　　　man
14. 一手儿　　（名）　　yīshǒur　　skill, proficiency
15. 灯笼　　　（名）　　dēnglong　　lantern
　　灯　　　（名）　　dēng　　　　lamplight, lighting, lamp
16. 吹牛　　　　　　　　chuī niú　　to boast, to talk big
17. 气管炎　　（名）　　qìguǎnyán　tracheitis
　　气管　　（名）　　qìguǎn　　　windpipe, trachea
　　妻管严　　　　　　　qī guǎn yán　the wife plays a dominant role in the family

	管	（动）	guǎn	to manage, to be in charge of, to mind
	严	（形）	yán	strict, severe, tight
18.	相信	（动）	xiāngxìn	to believe, to trust
	信	（动）	xìn	to believe, to trust
19.	做主		zuò zhǔ	to take the responsibility for a decision, to decide, to support
20.	算	（动）	suàn	to calculate, to think, to consider, to regard as
21.	女人	（名）	nǚrén	woman
22.	推	（动）	tuī	to push, to shove, to cut
23.	病房	（名）	bìngfáng	ward, sickroom
24.	背	（动）	bēi	to carry on the back, to bear, to shoulder
25.	拉	（动）	lā	to pull, to draw, to drag
26.	抱	（动）	bào	to hold or carry in the arms, to hug
27.	哭	（动）	kū	cry, to weep
28.	骂	（动）	mà	curse, to swear
29.	重要	（形）	zhòngyào	important
30.	个子	（名）	gèzi	height, stature
31.	急	（形）	jí	impatient, anxious, worry
32.	电灯	（名）	diàndēng	electric lamp or light
33.	物理	（名）	wùlǐ	physics
34.	数学	（名）	shùxué	mathematics

35.	地理	（名）	dìlǐ	geography
36.	课本	（名）	kèběn	textbook

练习 Exercises

(一) 语音 Pronunciation

1. 辨音辨调　Distinguish the sounds and tones

| huátī | 滑梯 | yìbān | 一般 | guóqí | 国旗 |
| huàtí | 话题 | yíbàn | 一半 | guòqù | 过去 |

| guānniàn | 观念 | jiāfù | 家父 | qìguǎn | 气管 |
| guāngnián | 光年 | jiāwù | 家务 | qìguān | 器官 |

| xiāngxìn | 相信 | sī xiāng | 思乡 | zhōngyào | 中药 |
| xìnxiāng | 信箱 | sīxiǎng | 思想 | zhòngyào | 重要 |

2. 三音节声调　Tones of tri-syllables

xīnjīyán	心肌炎		yázhōuyán	牙周炎
guānjiéyán	关节炎		mángchángyán	盲肠炎
zhōng'ěryán	中耳炎		lánwěiyán	阑尾炎
sāixiànyán	腮腺炎		chángwèiyán	肠胃炎

gǒngmóyán	巩膜炎		qìguǎnyán	气管炎
gǔmóyán	鼓膜炎		màiguǎnyán	脉管炎
jiǎomóyán	角膜炎		dòngmàiyán	动脉炎
nǎomóyán	脑膜炎		jìngmàiyán	静脉炎

3. 语调　Sentence intonation

你又吹牛了。

你又迟到了。

你又受骗了。

你又感冒了。

（二）词语　Words and phrases

1. 用下列生词至少组成两个短语

   Make at least two phrases with each of the following words

   （1）过去＿＿＿＿　＿＿＿＿　　（2）相信＿＿＿＿　＿＿＿＿

   （3）观念＿＿＿＿　＿＿＿＿　　（4）矛盾＿＿＿＿　＿＿＿＿

   （5）有的＿＿＿＿　＿＿＿＿　　（6）平等＿＿＿＿　＿＿＿＿

   （7）重要＿＿＿＿　＿＿＿＿　　（8）病房＿＿＿＿　＿＿＿＿

2. 从本课生词表中选择恰当的词语填空

   Fill in the blanks with the appropriate new words from this lesson

   （1）这个＿＿＿＿＿＿很有意思，同学们有很多话要说。

   （2）在你们国家男女＿＿＿＿＿＿吗？

   （3）我＿＿＿＿＿＿他的话，他说的是真的。

   （4）你们家的事谁＿＿＿＿＿＿？

   （5）有的事男人能做，＿＿＿＿＿＿也能做。

   （6）快考试了，我们每天都忙得＿＿＿＿＿＿。

   （7）下班以后，丈夫和妻子一起忙＿＿＿＿＿＿。

   （8）那个孩子＿＿＿＿＿＿真高，有一米八。

   （9）星期天我们＿＿＿＿＿＿时候去公园玩儿，＿＿＿＿＿＿时候去看电影。

   （10）她把那个病人推进了＿＿＿＿＿＿。

   （11）你说的事情很＿＿＿＿＿＿，我们得了解了解。

（12）老李有＿＿＿＿＿＿，每年冬天咳嗽得很厉害。

（13）在中国，很多爸爸妈妈管孩子管得很＿＿＿＿＿＿。

（14）新年的时候孩子们喜欢玩儿＿＿＿＿＿＿。

（15）说话的时候不能前后＿＿＿＿＿＿。

（16）我跟他有＿＿＿＿＿＿，关系不太好。

（17）多子多福是旧的＿＿＿＿＿＿，应该改变。

（18）改变一种＿＿＿＿＿＿不是很容易的。

（19）那个人爱＿＿＿＿＿＿，他说他三岁就会画画儿。

（20）A：那张桌子呢？

　　　B：我＿＿＿＿＿＿它搬到楼上去了。

（三）句型　Sentence patterns

1. 替换　Substitution

（1）他把孩子接回家去了。

孩子	送到	幼儿园
那个女人	送到	医院
那个病人	推进	病房
那个老人	背下	山
那些学生	带上	山
那个孩子	抱上	楼
那个茶几	搬到	楼上
沙发	搬进	客厅
收音机	拿出	教室
那本杂志	还回	阅览室
牛	拉到	地里

第八课　我们俩完全平等

（2）他把<u>孩子</u> <u>接回家</u>来了。

孩子	送到	学校
那个女人	送到	医院
那个病人	推进	病房
那个老人	背下	山
那个学生	带上	山
孩子	抱上	楼
那个茶几	搬到	卧室
沙发	搬进	书房
录音机	拿出	教室
牛	拉回	家

（3）她<u>说</u>着<u>说</u>着，<u>笑</u>了起来。

说	骂
想	站
看	哭
听	笑
走	唱
唱	跳
吃	玩儿
睡	喊
说	打

107

(4) 她写着写着，睡着了。

2. 把下列句子改成"把"字句，并体会两个句子有什么不同

Change the following into 把-sentence and pay attention to the differencesof the two sentences

(1) 写字台搬到窗户旁边去了。

(2) 那块牌子挂到门上边去了。

(3) 蛋糕拿到厨房去了吗？

(4) 电灯挂到门口外边了吗？

(5) 物理课本、数学课本和地理课本都放到书架上去了。

(6) 你带他到我的办公室去吧。

(7) 你送客人们回宾馆去吧。

(8) 我送贝拉到火车站。

(9) 我们送艾米到飞机场。

(10) 我们送那个病人到附近的医院。

(四) 按照下列情景，用本课句型谈话

Have a talk on the following topics, using the patterns in the text

1. 以家庭生活为话题跟你的同学谈话，了解和介绍各自国家的情况。

2. 课后以家庭生活为话题跟中国朋友谈话。

（五）成段表达　Say as much as possible on the following topic

1. 介绍你们国家家庭生活的情况。

2. 把课文改成叙述体，简单介绍彼得、赵林、杨静谈话的内容。

（六）阅读　Reading

我的儿子最漂亮

　　小张和小李都有一个儿子，他们的儿子是同年同月同日生的，个子一般高，今年都是四岁，而且在同一个幼儿园里。

　　有一天，小张给儿子买了一件漂亮的衣服，可是他有急事，就请小李把衣服带到幼儿园去送给他的儿子。小李说："我不认识你的儿子，我把衣服给谁呀？"小张说："我儿子是幼儿园里最漂亮的，你把衣服给那个最漂亮的孩子就行了。"

　　小李来到幼儿园，孩子们正在外边玩儿呢。他看了半天，最后把衣服给了自己的儿子。

　　第二天，小张问小李："你为什么把我买的衣服给了你儿子？"小李回答："你不是说把衣服给幼儿园里最漂亮的孩子吗？我看了半天，觉得幼儿园里最漂亮的孩子就是我儿子。"

1. 把短文中的"把"字句挑出来，想一想这些句子不用"把"字句行不行；如果行，应该怎么说？

2. 这个故事表现了中国人的一种观念，你知道吗？

3. "老婆是人家的好，孩子是自己的好。"你同意这种观念吗？你们国家的人有没有这种观念？

四 语法　Grammar

（一）"把"字句（1）　把-sentence (1)

如果强调通过动作使受事发生位移，而同时又强调受事成为主话题时，要用"把"字句。这种"把"字句的语序是：

If the stress on the receiver of an action becomes the main topic and meanwhile if the intentional disposal of the doer of the action to the receiver and the result of the disposal are stressed，把 sentence should be used. The structural order of such sentences is as follows:

施事主语 + 把 + 受事宾语 + 动词述语 + 趋向补语 + 方位（/处所）宾语

doer of action acting as subject+把+receiver of action acting as object+verbal predicative+complement of direction+location／objectof place，e.g.:

如：

(1) 他把孩子接回家去了。

(2) 他把那张桌子搬到楼上去了。

注意：(1) 这种"把"字句，施事主语是次话题，而受事宾语是后置的主话题。(2) 受事必须是确指的，至少在说话人的心里是确指的。

Points for attention：(1) In this type of 把-sentence, the doer of an action is the secondary topic，but the receiver of the action after it is the main topic. (2) The receiver of the action must be definite，at least the speaker thinks that it is definite.

（二）"…着…着"　The structure …着…着

动词带动态助词"着"，可重复。这种重复形式一般表示一个动作在进行过程中忽然停了下来而发生了另一动作。如：

A verb followed by the aspectural particle 着 can be reduplicated. This reduplication usually indicates that an action in progress stops suddenly, and is followed by another action, e.g.:

（1）他说着说着，笑了起来。

（2）他想着想着，站了起来。

第九课　去友谊医院怎么走

课文　Text

（一）

　　不知道是什么原因，山本正两天没来上课了。他平时学习努力，遵守纪律，要是有事不能上课，一定会向老师请假。因此，课间休息的时候，大内上子给山本正住的宾馆打了个电话。宾馆服务员告诉她，前天晚上山本正生病，住进了友谊医院。

　　下课以后，同学们商量了一下儿，决定派大内上子和金汉成代表全班去看望山本正。

（二）

（大内来到办公室找王欢）

王　欢：大内，你来找我，一定有事吧？

第九课　去友谊医院怎么走

大　内：我想打听一下儿，去友谊医院怎么走？

王　欢：你生病了？

大　内：不是。山本正住院了，我和金汉成一块儿去看看他。

王　欢：你们坐车去还是骑车去？

大　内：坐车怎么走？

王　欢：去友谊医院——坐公共汽车的话，可以先坐332路到动物园，然后换——我看看地图——然后换15路到友谊医院下车。

大　内：骑车呢？

王　欢：要是骑自行车，就沿着二环路一直走，到和平门往右拐，再顺着15路车的路线，骑十几分钟就到了。

大　内：您说，骑车好还是坐车好？

王　欢：这几天天气热得要命，公共汽车上又挤得要死。我看还是骑车好。

大　内：那好，听您的。王老师，把您的自行车借给我骑骑，可以吗？

王　欢：当然可以，可是今天上班没骑来。我把车放在宿舍门口了，我带你去取。

大　内：给您添麻烦了，不好意思。

王　欢：别客气。城里人多，车多，你刚学会骑车，过马路千万要小心。

大　内：王老师，您放心吧。我们一定会注意交通安全的。

王　欢：对了，这儿有山本正一封信和一个包裹单，请你把这封信和包裹单一起交给他。代我问候他，有时间我去看他。

生词 New words

1. 平时	（名）	píngshí	in normal times, at ordinary times
2. 遵守	（动）	zūnshǒu	to obey, to abide by
3. 纪律	（名）	jìlǜ	discipline
4. 因此	（连）	yīncǐ	therefore, consequently, ence
5. 间	（名）	jiān	within a definite period of time
6. 生	（动）	shēng	to give birth to, to bear, to grow, to have
7. 派	（动）	pài	to send, to dispatch
8. 看望	（动）	kànwàng	to see, to visit, to call on
9. 打听	（动）	dǎting	to ask about, to inquire about

第九课　去友谊医院怎么走

10. 住院		zhù yuàn	to be in hospital, to be hospitalized
11. 的话	（助）	dehuà	if
12. 环	（量）	huán	(a measure word) ring
13. 拐	（动）	guǎi	to turn, to limp
14. 顺	（介）	shùn	along
15. 路线	（名）	lùxiàn	route
16. 要命	（动）	yàomìng	extremely, awfully, to kill
命	（名）	mìng	life, fate
要死	（动）	yàosǐ	extremely
17. 添	（动）	tiān	to add, to increase
18. 马路	（名）	mǎlù	street, road, avenue
19. 千万	（副）	qiānwàn	to be sure to
20. 小心	（动）	xiǎoxīn	to be careful, to be cautious, to takecare
21. 交通	（名）	jiāotōng	traffic, communications
22. 安全	（形、名）	ānquán	safe, secure; safety
23. 代	（动）	dài	to take the place of, to be in the place of
24. 种	（动）	zhòng	to plant, to grow
25. 运动场	（名）	yùndòngchǎng	sports ground, stadium
运动员	（名）	yùndòngyuán	athlete, player
26. 渴	（形）	kě	thirsty
27. 饿	（形）	è	hungry

28. 困	（形）	kùn	sleepy, tired, weary
29. 红绿灯	（名）	hónglǜdēng	traffic light
30. 和平	（名、形）	hépíng	peace; peaceful
31. 站	（名、量）	zhàn	stop, station; (a measure word)
32. 路口	（名）	lùkǒu	crossing, intersection
33. 大约	（副、形）	dàyuē	about, approximately, probably
34. 方向	（名）	fāngxiàng	direction, orientation
35. 摸	（动）	mō	to feel for, to fumble, to touch
36. 口袋	（名）	kǒudai	pocket
37. 钥匙	（名）	yàoshi	key
38. 丢	（动）	diū	to lose, to throw, to put aside
39. 粗心	（形）	cūxīn	careless
40. 抽屉	（名）	chōuti	drawer
41. 不是…就是…		búshì…jiùshì…	either…or…
42. 既…也…		jì…yě…	both…and…

▶ ～～～～～～～～～～～～～～～ 专名 **Proper nouns**

1. 和平门	Hépíngmén	name of a place
2. 西直门	Xīzhímén	name of a place
3. 复兴门	Fùxīngmén	name of a place

4. 刘江　　　　Liú Jiāng　　　　name of a person
5. 高敏　　　　Gāo Mǐn　　　　 name of a person

练习　Exercises

（一）语音　Pronunciation

1. 辨音辨调　Distinguish the sounds and tones

{ yīncǐ　　因此
{ yīngchǐ　英尺

{ dǎting　打听
{ dàtīng　大厅

{ lùxiàng　录像
{ lùxiàn　　路线

{ yàomíng　药名
{ yàomìng　要命

{ qiánwǎng　前往
{ qiānwàn　　千万

{ xiǎoxīn　小心
{ xiàoxīng　笑星

{ cūxīn　粗心
{ cúnxīn　存心

{ huāpíng　花瓶
{ hépíng　　和平

{ fāngxiàng　方向
{ fángxiàn　　防线

2. 三音节声调　Tones of tri-syllables

chūzūchē	出租车	tóubānchē	头班车
xiāofángchē	消防车	chángtúchē	长途车
fāndǒuchē	翻斗车	jípǔchē	吉普车
jīdòngchē	机动车	jíjiùchē	急救车

zhǐhuīchē	指挥车	mòbānchē	末班车
chǎngpéngchē	敞篷车	zìxíngchē	自行车
sǎshuǐchē	洒水车	jiùhuǒchē	救火车
tǎnkèchē	坦克车	jiùhùchē	救护车

3. 重音　Stress

我把自行车放在宿舍门口了。

我把词典放在书架上了。

我把那本小说还给图书馆了。

我把包裹单交给大内了。

我把那块丝绸做成衬衫了。

我把美元换成人民币了。

（二）词语　Words and phrases

1. 用下列生词至少组成两个短语
   Make at least two phrases with each of the following words

   （1）遵守_____ _____　　（2）看望_____ _____

   （3）打听_____ _____　　（4）千万_____ _____

   （5）小心_____ _____　　（6）安全_____ _____

   （7）交通_____ _____　　（8）建_____ _____

2. 从本课生词表中选择恰当的词语填空
   Fill in the blanks with the appropriate new words from this lesson

   （1）赵林每个星期日都去_____他的奶奶。

   （2）你在汽车_____等我。

   （3）彼得_____起得很早，只有星期天才起得比较晚。

   （4）这些钱放在家里不_____，把它存到银行去吧。

   （5）院子里_____了很多花儿。

   （6）后天有考试，_____别忘了告诉山本。

   （7）路上人多，车多，骑自行车千万要_____。

   （8）小李病得很厉害，他_____了。

   （9）你的钥匙没_____，在衣服_____里。

（10）课＿＿＿＿＿＿休息的时候，你不在教室，去哪儿了？

（11）你太＿＿＿＿＿＿了，今天又丢了＿＿＿＿＿＿。

（12）学校＿＿＿＿＿＿方老师去美国教汉语。

（13）实在不好意思，给您＿＿＿＿＿＿麻烦了。

（14）请＿＿＿＿＿＿我问候你的父亲、母亲。

（15）这几天冷得＿＿＿＿＿＿，不少人得了感冒。

（16）沿着这条路一直走，到十字路口向右＿＿＿＿＿＿。

（17）从宿舍到教学楼走＿＿＿＿＿＿5分钟就到了。

（18）从宿舍到教学楼＿＿＿＿＿＿走5分钟就到了。

（19）顺着15路车的＿＿＿＿＿＿骑，就能到友谊医院。

（20）小孩子过马路要注意＿＿＿＿＿＿安全。

（21）你的＿＿＿＿＿＿错了，应该往南走，不是往北走。

（三）句型　Sentence patterns

1. 替换　Substitution

（1）A：你把<u>自行车</u> <u>放</u>在哪儿了？

　　　B：我把<u>自行车</u><u>放</u>在<u>宿舍门口</u>了。

蛋糕	放	厨房里
画儿	挂	墙上
名字	写	这儿
花儿	种	院子里
邮票	贴	下边
照片	夹	书里
地毯	铺	卧室里
年龄	填	上边
运动场	建	河边
宿舍楼	建	食堂旁边

（2）A：他把照片送给谁了？

　　B：他把照片送给马教授了。

礼物	送	吴小姐
包裹	寄	钱先生
本子	交	孙老师
足球	交	那个运动员
小说	还	周教授
自行车	借	陈师傅
电脑	卖	丁兰
面包	带	小女儿

（3）我累得要命。

我	渴
我	饿
我	疼
我	困
这儿	热
这儿	冷
车上	挤
丝绸	贵

（4）我累得要死。

我	渴
我	饿
我	疼
我	困

第九课 去友谊医院怎么走

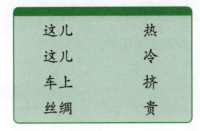

(4) 一直走，到<u>和平门</u>往<u>右</u>拐。

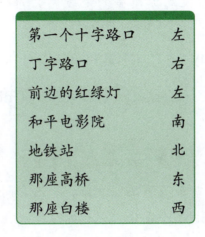

2. 把下列句子改成"把"字句，并体会两个句子有什么不同
   Change the following into 把-sentence and pay attention to the differencesof the two sentences

   (1) 那些钱存在银行里了。
   (2) 毛衣挂在衣柜里了。
   (3) 那幅山水画儿挂在书房里了。
   (4) 那些生词存在电脑里了。
   (5) 你的机票放在抽屉里了。
   (6) 那块丝绸送给丁兰了。
   (7) 那些花儿送给李大夫了。
   (8) 那瓶果汁儿你放在哪儿了？
   (9) 我的西服你放在哪儿了？
   (10) 练习本你交给谁了？

（四）按照下列情景，用本课句型谈话

Have a talk on the following topics, using the patterns in the text

1. 问和回答从教学楼去图书馆怎么走。
2. 问和回答从学校去附近的邮局怎么走。
3. 问和回答从学校到你想去的地方怎么走。

（五）成段表达　Say as much as possible on the following topics

1. 模仿课文谈话　Have a talk with the style of the text

   例如：

   不知道什么原因，赵林今天没来上班。他平时工作认真，遵守纪律，要是有病或有事不能上班，一定会向主任请假。因此，中午老张给赵林家打了个电话。赵林的妻子说，昨天夜里赵林突然病了，今天上午把他送进了医院。她刚从医院回来，想下午打电话给赵林请假。下班以后，老张和老李要去医院看望赵林。

2. 讲述你去一个地方问路的情况

   Talk about your experience of asking the way

（六）阅读　Reading

我没忘也没丢

刘江喜欢旅游。今年夏天他和爱人高敏带着儿子去南方旅行。他们到了南京，去了上海，逛了西湖，游了桂林。一家人玩儿得高兴极了。

这一天，他们回到北京，来到家门口，刘江一摸衣服口袋说："哎呀，我把钥匙丢了！"儿子说："我走的时候忘了带钥匙了。"

第九课　去友谊医院怎么走

高敏生气地对丈夫和儿子说："你们男人办什么事都这样粗心，不是忘了就是丢了。我跟你们不一样，我既没丢也没忘。""您的钥匙呢？"儿子问。"我把它放在客厅的桌子左边的抽屉里了。"

1. 判别正误　True or false

    (1) 今年夏天刘江一家人到南方旅行，他们去了四个城市。

    (2) 刘江的钥匙在衣服口袋里。

    (3) 儿子忘了钥匙放在什么地方。

    (4) 男人办事都非常粗心。

    (5) 高敏的丈夫把钥匙丢了。

2. 选择正确答案　Multiple choice

    (1) 刘江一家人能不能进他们的家？

    　　A. 能进去，因为高敏的钥匙既没丢也没忘

    　　B. 不能进去，因为他们三个人现在都没有钥匙

    (2) 高敏的钥匙在哪儿？

    　　A. 在客厅里

    　　B. 在客厅的桌子上

    　　C. 在客厅的抽屉里

    　　D. 在客厅的桌子的左边的抽屉里

3. 朗读短文　Read the text aloud

四　语法　Grammar

(一) "把"字句 (2)　把-sentence (2)

如果强调通过动作使受事处于某处或使受事从一方转移到另一方，

而同时又强调受事成为主话题时，要用"把"字句。这种"把"字句的语序是：

If the stress on the receiver of an action becomes the main topic，and meanwhile if the intentional disposal of the doer of the action to the receiver and the result of the disposal are stressed，把-sentence should be used. The structural order of this type of sentence is as follows:

施事主语 + 把 + 受事宾语 + 动词述语 + 结果补语（在／给）+ 方位/处所／对象宾语

doer of action+把+receiver of action acting as object+verbal predicative+complement of result（在／给）+ location／place／indirectobject，e.g.：

如：

(1) 我把车放在宿舍门口了。

(2) 请你把这封信和包裹单一起交给他。

（二）程度补语（2）　Complement of degree (2)

形容词述语可通过结构助词"得"带程度补语。这种程度补语由"不得了、要死、要命"及"很"充当。如：

An adjectival predicative can be followed by a complement of degree with the help of the structural particle 得，不得了，要死，要命 and 很 function as this kind of complement，e.g.：

(1) 丝绸贵得不得了。

(2) 他累得要死。

(3) 我疼得要命。

(4) 今天的气温高得很。

第十课
过两天就可以出院

 课文　Text

　　下午四点,大内上子和金汉成来到了友谊医院。

　　这家医院很大,前面是门诊部和急诊室,后面是住院部。山本正住在内科病房312号。他们俩找到内科病房,护士告诉他们,山本正得的是急性肠胃炎,经过打针吃药,现在已经好多了,过两天就可以出院。大内和金汉成对大夫和护士表示感谢。

(护士小姐把他们带到山本正的病房)

大　　内:山本,我们看你来了。
金汉成:怎么样,好点儿了吗?
山　　本:好多了。快请坐。
金汉成:我们俩代表全班同学来看望你。这是同学们给你买的水果和鲜花。

大　内：我们把你的信和包裹单带来了。王欢老师向你表示问候，他说有时间来看你。

山　本：谢谢老师，谢谢同学们。我过两天就出院了，告诉老师和同学们别来了。

大　内：听大夫说你得的是肠胃炎，肚子还疼吗？

山　本：不疼了，腹泻也止住了。

金汉成：大夫给你开的什么药？

山　本：有西药也有中药。你们看，这是药片，每天三次，每次两片。

大　内：这是什么药？

山　本：丸药。

大　内：苦吧？

山　本：中药哪儿有不苦的？俗话说，"良药苦口利于病"嘛！

金汉成：你一个人在这儿寂寞吗？

山　本：还行。大夫和护士对我挺关心的。他们经常跟我聊天儿，还给我报纸和杂志看。

金汉成：看来，在中国生病住院也不错。

大　内：什么意思？

金汉成：大夫和护士都是老师，和他们在一起又能练习听力，又能练习口语。

第十课 过两天就可以出院

大　内：那你也得一次肠胃炎，来这儿住几天。

生词 New words

1. 出院		chū yuàn	to leave the hospital
2. 门诊部	（名）	ménzhěnbù	outpatient service department
部	（名）	bù	department
3. 急诊室	（名）	jízhěnshì	emergency room
4. 内科	（名）	nèikē	internal medicine
内	（名）	nèi	inner, inside
科	（名）	kē	section, department
5. 护士	（名）	hùshi	nurse
6. 急性	（形）	jíxìng	acute
…性		…xìng	(suffix) (indicating state, nature, quality, manner and so on)
7. 肠胃炎	（名）	chángwèiyán	enterogastritis
肠	（名）	cháng	intestines
胃	（名）	wèi	stomach
8. 表示	（动、名）	biǎoshì	to indicate, to show, to express
9. 鲜	（形）	xiān	fresh
10. 腹泻	（动）	fùxiè	to have diarrhea
腹	（名）	fù	abdomen, belly
泻	（动）	xiè	to flow swiftly; to have diarrhea
11. 止	（动）	zhǐ	to stop, to cease
12. 苦	（形）	kǔ	bitter

13.	良好	（形）	liánghǎo	fine, good, well
	良	（形）	liáng	good, fine
14.	利于	（动）	lìyú	to be good for
15.	嘛	（助）	ma	(a modal particle)
16.	寂寞	（形）	jìmò	lonely
17.	报纸	（名）	bàozhǐ	newspaper
18.	外科	（名）	wàikē	surgical department
19.	窗口	（名）	chuāngkǒu	window
20.	盲肠炎	（名）	mángchángyán	appendicitis
	盲肠	（名）	mángcháng	cecum
21.	检查	（动）	jiǎnchá	to check
22.	必须	（能动）	bìxū	must, have to
	必	（副、能动）	bì	certainly, necessarily, must
23.	手术	（动、名）	shǒushù	to operate, operation
24.	治疗	（动）	zhìliáo	to cure
25.	草	（名）	cǎo	grass
26.	树林	（名）	shùlín	woods, grove
	树	（名）	shù	tree
27.	天使	（名）	tiānshǐ	angel
28.	棵	（量）	kē	(a measure word for plants)
29.	花园	（名）	huāyuán	garden
30.	当	（动）	dāng	to work as, ought, to bear
31.	优美	（形）	yōuměi	graceful, fine, exquiseite
32.	木	（名、形）	mù	wood; wooden
33.	病人	（名）	bìngrén	patient
34.	亲人	（名）	qīnrén	one's family members

练习   Exercises

（一）语音　Pronunciation

1. 辨音辨调　Distinguish the sounds and tones

{ jíxìng　急性
{ jíxiàn　极限

{ fùxiě　复写
{ fùxiè　腹泻

{ jìmò　寂寞
{ jípò　急迫

{ bàozhǐ　报纸
{ bāozi　包子

{ jiānchá　监察
{ jiǎnchá　检查

{ shùlíng　树龄
{ shùlín　树林

{ tiānshí　天时
{ tiānshǐ　天使

{ huāyuán　花园
{ huàyàn　化验

{ hùshi　护士
{ huòshì　祸事

2. 三音节声调　Tones of tri-syllables

zhōngyīxué　中医学　　　érkēxué　儿科学
tiānwénxué　天文学　　　yíchuánxué　遗传学
xīnlǐxué　心理学　　　　lúnlǐxué　伦理学
jīngjìxué　经济学　　　　rénlèixué　人类学
yǔyīnxué　语音学　　　　nèikēxué　内科学
yǔyánxué　语言学　　　　cèliángxué　测量学
yǔfǎxué　语法学　　　　wùlǐxué　物理学
yǔyòngxué　语用学　　　jiàoyùxué　教育学

3. "两"和"几"的重音　Stress of 两 and 几

（1）我再过两天就可以出院。

（2）我过两天就可以出院。

（3）他在书店买了一本词典和两本书。

（4）他想去书店买两本书。

(5) 你们班有几个学生?

(6) 他们班有几个学生感冒了。

(7) 你在医院住了几天?

(8) 你要是觉得医院好,也来这儿住上几天。

(二) 词语　Words and phrases

1. 用下列生词至少组成两个短语

   Make at least two phrases with each of the following words

   (1) 天使＿＿＿＿　＿＿＿＿　(2) 表示＿＿＿＿　＿＿＿＿

   (3) 寂寞＿＿＿＿　＿＿＿＿　(4) 报纸＿＿＿＿　＿＿＿＿

   (5) 检查＿＿＿＿　＿＿＿＿　(6) 必须＿＿＿＿　＿＿＿＿

   (7) 治疗＿＿＿＿　＿＿＿＿　(8) 窗口＿＿＿＿　＿＿＿＿

2. 从本课生词表中选择恰当的词语填空

   Fill in the blanks with the appropriate new words from this lesson

   (1) 赵大海的妻子是友谊医院的＿＿＿＿＿＿。

   (2) 我的病已经好了,明天＿＿＿＿＿＿。

   (3) 经过＿＿＿＿＿＿,大夫说他得了＿＿＿＿＿＿了。

   (4) 我们每年＿＿＿＿＿＿一次身体。

   (5) 那个姑娘真像一个美丽的＿＿＿＿＿＿。

   (6) 客人们向主人＿＿＿＿＿＿感谢。

   (7) 张老师向你＿＿＿＿＿＿问候。

   (8) 晚饭以后方龙坐在沙发上一边喝茶一边看＿＿＿＿＿＿。

   (9) 大夫,我挂一个号,挂＿＿＿＿＿＿。

   (10) 现在是中午,门诊休息了,你得去＿＿＿＿＿＿看病。

   (11) 楼后边有一片小＿＿＿＿＿＿。

   (12) 那棵＿＿＿＿＿＿长得真高。

（13）我没吃过中药，听说很_____。

（14）你的_____止住了吗？肚子还疼不疼？

（15）你的病很厉害，_____马上住院。

（16）别人都去旅游了，你一个人在家里_____吗？

（17）他昨天吃的东西不干净，得了急性_____。

（18）这是我和大内送给你的_____儿，祝你早日恢复健康。

（19）两个_____字念林，意思是很多树长在一起。

（20）这次考试同学们都取得了_____的成绩。

（三）按照下列情景，用本课句型谈话

Have a talk on the following topics，using the patterns in the text

1. 你的同学病了，你去医院看他。

2. 你的老师病了，你去医院看他。

3. 你在医院的挂号处挂号。

4. 你在医院的药房取药。

（四）阅读 Reading

白衣天使

前天晚上，金汉成突然发烧，而且肚子疼得很厉害。宾馆的服务员连忙叫来出租车，把他送进了友谊医院。

大夫们为金汉成进行了认真的检查和化验，说他得的是急性盲肠炎，必须住院，进行手术治疗。手术很成功，经过打针吃药，金汉成觉得肚子不疼了。但是，他还要在医院再住几天，不能马上出院。

这家医院很大。住院部前边是门诊部和急诊室，旁边有一个大花园，里

面开满鲜花。住院部后面有一片树林，还有一条小河。这里环境优美，到处是花草树木。

医院的大夫和护士对金汉成很关心。他们怕金汉成一个人住在这儿感到寂寞，就常常陪他聊天儿，还给他拿来报纸和杂志。金汉成说："这儿的大夫护士真好，他们把病人当做朋友和亲人，是真正的白衣天使。"

1. 读后说（不看书）　Retell the reading without looking at it

   （1）前天晚上金汉成怎么了？
   （2）他现在觉得怎么样？
   （3）友谊医院的环境怎么样？
   （4）这家医院的大夫怎么样？

2. 朗读短文　Read the text aloud

（五）功能会话：听后模仿

Functional conversation：listen then imitate

1. 询问年龄　Asking about age

   （1）A：你（／您）是哪年出生的？（问孩子／大人）
   　　　B：我是兔年出生的，属兔。

   （2）A：你（／您）是属什么的？
   　　　B：我属猴。

   （3）A：你今年多大啦？（问比自己小的人）
   　　　B：我今年十九岁。

   （4）A：你多大啦？
   　　　B：二十八岁。

   （5）A：你二十几了？
   　　　B：二十二岁。

（6）A：你有四十吗？

　　　B：四十三了。

（7）A：你几岁了？（问孩子）

　　　B：八岁。

（8）A：你十几了？

　　　B：十三岁。

（9）A：您多大年纪了？（问老人）

　　　B：六十六了。

（10）A：你奶奶今年多大岁数？

　　　B：八十三岁。

（11）A：您今年高寿？（问老人）

　　　B：八十五岁了。

2. 询问人或物的方位或处所

   Asking about the location of people or things

　（1）A：食堂在哪儿？

　　　B：食堂在宿舍楼后边。

　（2）A：你家在哪儿？

　　　B：我家在郊区。

　（3）A：小王家在哪儿？

　　　B：他家在那个楼前边。

　（4）A：图书馆在哪儿？

　　　B：图书馆在办公楼旁边。

3. 询问动作者　Asking about the doers

　（1）A：谁想去呢？

　　　B：没人想去。

（2）A：谁能解决呢？

B：没人能解决。

（3）A：谁从那边走过来了？

B：赵师傅从那边走过来了。

（4）A：谁送给她一本词典？

B：方云天送给她一本词典。

4. 询问动作发生的处所
Asking about the place where an action takes place

（1）A：你从哪儿走？

B：我从宾馆走。

（2）A：我在哪儿等你？

B：在体育场南门等我。

5. 询问动作的结果　Asking about in what stage an action is

（1）A：他们赛上足球了吗？

B：他们已经赛上足球了。

（2）A：他们班学到多少课了？

B：他们班学到第40课了。

（3）A：你找着手表没有？

B：找着了。

（4）A：你做完作业了吗？

B：还没做完呢。

（5）A：丁兰爬上山顶了吗？

B：她爬上山顶了。

（6）A：他住上新楼了吗？

B：他住上新楼了。

（7）A：你做完了练习没有？

　　　B：我做完练习了。

（8）A：你搬完家了没有？

　　　B：我搬完家了。

（9）A：你单子填好了吗？

　　　B：我单子填好了。

（10）A：你自行车修好了吗？

　　　B：修好了。

（11）A：这个句子你看懂了吗？

　　　B：看懂了。

（12）A：课文复习得怎么样啦？

　　　B：已经复习完了。

6. 提醒别人注意　Calling sb.'s attention

（1）A：你看，外边在下雨呢。

　　　B：没关系，我带上伞了。

（3）A：你看，雨下大了。

　　　B：我坐出租车去。

（3）A：你看，他长高了。

　　　B：可不是嘛！

（4）A：听，有人敲门。

　　　B：请进。

（5）A：听，有人喊你。

　　　B：我在这儿呢。

语法　Grammar

充当主语的成分　Elements of subject

主语可由名词或名词短语、代词、数量词、"的"字短语充当，也可由形容词或形容词短语、动词或动词短语以及主谓短语充当。如：

A noun, a nominal phrase, a pronoun, a numeral measure word or a 的 phrase can function as a subject; and an adjective, an adjective phrase, a verb, a verbal phrase or a subject-predicate phrase also can function as a subject, e.g.:

(1) 外边‖下雨了！
(2) 我们的学校‖有很多教学楼。
(3) 他‖是我的好朋友。
(4) 一斤‖多少钱？
(5) 我借的‖已经还了。
(6) 忙点儿‖好。

练习参考答案 Key to exercises

第一课

(二) 词语

2. 填空

(1) 悠久、特色　　(2) 广播　　(3) 主讲
(4) 讲座、主讲　　(5) 系统　　(6) 系统
(7) 谦虚　　(8) 谦虚　　(9) 报名、地点
(10) 满足　　(11) 原来　　(12) 诗人
(13) 伞　　(14) 饺子、面条儿　　(15) 而且
(16) 赢得、赞扬　　(17) 赢、输　　(18) 不但

3. 在，（看书）呢，在（写字），在（做练习）。

第二课

(二) 词语

2. 填空

(1) 客人　　(2) 做客　　(3) 外面、里面　　(4) 实在
(5) 号码　　(6) 接受　　(7) 表扬　　(8) 抱歉
(9) 邀请　　(10) 证书　　(11) 道歉　　(12) 珍惜
(13) 争取　　(14) 名片、上面　　(15) 俗话　　(16) 抓紧
(17) 感动　　(18) 电脑　　(19) 下面

3. 改写句子

(1) 他说完就匆匆忙忙地走了。

(2) 昨天匆匆忙忙的，我忘了告诉你。

(3) 听见有人敲门，王欢连忙站起来去开门。

(4) 他知道自己说错了，连忙说："对不起，对不起!"

(5) 我来中国以后一直没给他写信。

(6) 这雨一直下了三天了。

(7) 老师表扬大内上子学习很努力。

(8) 老师批评彼得学习不认真。

4. 写出所义词

紧张——轻松	表扬——批评
外面——里面	上面——下面
前面——后面	左面——右面
南面——北面	西面——东面
北方——南方	东边——西边
赢——输	短期——长期
借——还	丈夫——妻子
中餐——西餐	白天——夜间
晴天——阴天	早上——晚上

(七) 阅读

1. 选择正确答案

(1) D (2) C

第三课

(二) 词语

2. 填空

(1) 名胜古迹 (2) 许多、旅游 (3) 游览 (4) 有名
(5) 食品 (6) 曾经 (7) 访问 (8) 划船
(9) 遍 (10) 动物园 (11) 遍 (12) 火车
(13) 留、足迹 (14) 愿望

(三)句型

2. 填空

(1) 过、过　　(2) 过　　(3) 过　　(4) 过　　(5) 了

(6) 了、了　　(7) 了　　(过)　　(8) 了　　(9) 过

(10) 过、过　　(11) 了　　(12) 了、了

第四课

(二)词语

2. 填空

(1) 去世　　(2) 附近　　(3) 附近　　(4) 偷　　(5) 偷

(6) 偷　　(7) 喜糖　　(8) 喜烟　　(9) 卧室　　(10) 影响

(11) 影响　　(12) 影响　　(13) 影响　　(14) 影响　　(15) 甜

(16) 抽　　(17) 增加　　(18) 伪劣

3. 改写句子

(1) 大家都以为贝拉明天回来，没想到她昨天就回来了。

(2) 你以为这个电影怎么样？

(3) 艾米感冒了，我以为她不去长城了。

(4) 我还没决定什么时候回国。

(5) 我已经决定了，下星期去西安旅行。

(6) 我保证三天一定翻译完这本书。

(7) 我保证一定每天来上课。

(8) 这是我本人的决定。

(9) 本人姓李，叫李明。

(10) 这是他本人告诉我的。

(七)阅读

1. 选择正确答案

(1) D　　(2) C　　(3) A

第五课

(二) 词语

2. 填空

(1) 味道　　(2) 饭馆　　(3) 关照　　(4) 品尝

(5) 正好　　(6) 一块儿　(7) 学问　　(8) 清淡

(9) 味道　　(10) 政府　　(11) 设计　　(12) 辣

(13) 风味　　(14) 闻名　　(15) 蛇肉　　(16) 几乎／差不多

(17) 增长

(三) 读后连线

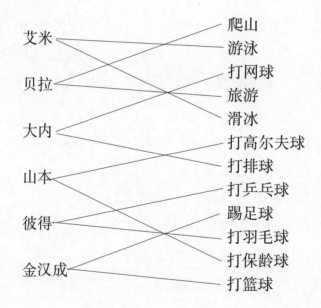

第六课

(二) 词语

2. 填空

(1) 白酒、葡萄酒　(2) 可口可乐　(3) 汗　　(4) 菜单

(5) 满意　　(6) 满意　　(7) 稍　　(8) 治

(9) 结帐　　(10) 并　　(11) 从来　　(12) 敢

(13)腿　　　(14)汤　　　(15)发财　　　(16)龙、鸡

(17)开演、开演

（七）阅读

1. 选择正确答案

(1) C　　(2) B　　(3) A　　(4) A　　(5) D

第七课

（二）词语

2. 填空

(1)岁数　　(2)端　　(3)茶具　　(4)地毯　　(5)婶子

(6)姑姑　　(7)书房　　(8)厨房　　(9)沏　　(10)四合院

(11)热闹　　(12)梦　　(13)气功　　(14)铺

（三）句型

2. 把下列词语连成句子

(1) 艾米在公园里坐着画画儿呢。

(2) 立春在床上躺着看电视呢。

(3) 立秋在阅览室里坐着看画报呢。

(4) 他们在学校门口站着谈话呢。

(5) 赵林的姑姑在医院里等着看病呢。

(6) 讲台上放着一个录音机。

(7) 写字台上放着一个电话机。

(8) 地上放着他们的行李。

(9) 门上贴着一个红色的"福"字。

(10) 墙上挂着全家的合影。

第八课

(二) 词语

2. 填空

(1) 话题　　(2) 平等　　(3) 相信　　(4) 做主
(5) 女人　　(6) 不得了　(7) 家务　　(8) 个子
(9) 有的、有的　(10) 病房　(11) 重要　(12) 气管炎
(13) 严　　(14) 灯笼　　(15) 矛盾　(16) 矛盾
(17) 观念　(18) 观念　　(19) 吹牛　(20) 把

(三) 句型

2. 改写句子

(1) 我把写字台搬到窗户旁边去了。
(2) 他把那块牌子挂到门上边去了。
(3) 你把蛋糕拿到厨房去了吗?
(4) 你把电灯挂到门口外边了吗?
(5) 我把物理课本、数学课本和地理课本都放到书架上去了。
(6) 把他带到我的办公室去吧。
(7) 你把客人们送回宾馆去吧。
(8) 我把贝拉送到了火车站。
(9) 我们把艾米送到了飞机场。
(10) 我们把那个病人送到了附近的医院。

第九课

(二) 词语

2. 填空

(1) 看望　　(2) 站　　(3) 平时　　(4) 安全

(5) 种　　　(6) 千万　　　(7) 小心　　　(8) 住院

(9) 丢、口袋　(10) 间　　　(11) 粗心、钥匙　(12) 派

(13) 添　　　(14) 代　　　(15) 要命　　(16) 拐

(17) 大约　　(18) 大约　　(19) 路线　　(20) 交通

(21) 方向

(三) 句型

2. 改写句子

(1) 我把那些钱存在银行里了。

(2) 我把毛衣挂在衣柜里了。

(3) 他把那幅山水画儿挂在书房里了。

(4) 她把那些生词存在电脑里了。

(5) 我把你的机票放在抽屉里了。

(6) 小于把那块丝绸送给丁兰了。

(7) 山本把那些花儿送给李大夫了。

(8) 你把那瓶果汁儿放在哪儿了?

(9) 你把我的西服放在哪儿了?

(10) 你把昨天的练习交给谁了?

(七) 阅读

1. 判别正误

(1) ×　(2) ×　(3) ×　(4) ×　(5) √

2. 选择正确答案

(1) B　(2) D

第十课

(二) 词语

2. 填空

(1) 护士　　　(2) 出院　　　(3) 检查、肠胃炎 (盲肠炎)

（4）检查　　　　（5）天使　　　　（6）表示
（7）表示　　　　（8）报纸　　　　（9）内科
（10）急诊室　　　（11）树林　　　（12）树
（13）苦　　　　　（14）腹泻　　　（15）必须
（16）寂寞　　　　（17）肠胃炎　　（18）鲜
（19）木　　　　　（20）良好

词汇总表 Vocabulary list

A

阿	（头）	ā	7
阿姨	（名）	āyí	7
啊	（助）	a	1
哎	（叹）	āi	1
安全	（形、名）	ānquán	9

B

把	（介）	bǎ	8
白酒	（名）	báijiǔ	6
保龄球	（名）	bǎolíngqiú	5
保证	（动、名）	bǎozhèng	4
保证书	（名）	bǎozhèngshū	4
抱	（动）	bào	8
抱歉	（形）	bàoqiàn	2
报名		bào míng	1
报纸	（名）	bàozhǐ	10
背	（动）	bēi	8
北面	（名）	běimian	2
本	（代）	běn	4
比较	（动）	bǐjiào	5
毕业		bì yè	4

145

必须	（能动）	bìxū	10
必	（副、能动）	bì	10
遍	（形、量）	biàn	3
表示	（动、名）	biǎoshì	10
兵马俑	（名）	bīngmǎyǒng	3
兵	（名）	bīng	3
病房	（名）	bìngfáng	8
病人	（名）	bìngrén	10
并	（副）	bìng	6
不但	（连）	búdàn	1
不是…就是…		búshì…jiùshì…	9
不得了		bù déliǎo	8
部	（名）	bù	10

C

菜单(儿)	（名）	càidān(r)	6
参观	（动）	cānguān	3
草	（名）	cǎo	10
曾经	（副）	céngjīng	3
曾	（副）	céng	3
茶几	（名）	chájī	7
茶具	（名）	chájù	7
差不多		chà bu duō	5
肠胃炎	（名）	chángwèiyán	10
肠	（名）	cháng	10
炒	（动）	chǎo	6
成功	（动）	chénggōng	4

抽	（动）	chōu		4
抽屉	（名）	chōuti		9
出院		chū yuàn		10
厨房	（名）	chúfáng		7
船	（名）	chuán		3
窗口	（名）	chuāngkǒu		10
吹牛		chuī niú		8
匆匆忙忙	（形）	cōngcōngmángmáng		2
从来	（副、形）	cónglái		6
粗心	（形）	cūxīn		9

D

答应	（动）	dāying	5
打的		dǎ dī	4
打听	（动）	dǎting	9
打字		dǎ zì	1
代	（量）	dài	8
代	（动）	dài	9
蛋糕	（名）	dàngāo	3
当地	（名）	dāngdì	5
当时	（名）	dāngshí	5
当	（动）	dàng	10
倒	（副）	dào	4
道歉		dào qiàn	2
的话	（助）	dehuà	9
灯笼	（名）	dēnglong	8
灯	（名）	dēng	8
的确	（副）	díquè	6

	地点	（名）	dìdiǎn	1
	地理	（名）	dìlǐ	8
	地毯	（名）	dìtǎn	7
	地铁	（名）	dìtiě	4
	地下	（名）	dìxià	4
	第	（头）	dì	2
	点	（动）	diǎn	4
	电车	（名）	diànchē	4
	电灯	（名）	diàndēng	8
	电脑	（名）	diànǎo	2
	掉	（动）	diào	4
	丢	（动）	diū	9
	东面	（名）	dōngmian	2
	动身		dòng shēn	3
	动物园	（名）	dòngwùyuán	3
	动物	（名）	dòngwù	3
	斗	（动）	dòu	6
	端	（动）	duān	7
	炖	（动）	dùn	6
E	饿	（形）	è	9
	而且	（连）	érqiě	1
F	发财		fā cái	6
	饭店	（名）	fàndiàn	5
	饭馆	（名）	fànguǎn	5
	方向	（名）	fāngxiang	9

房	（名）	fáng	7
访问	（动）	fǎngwèn	3
放	（动）	fàng	2
风味	（名）	fēngwèi	5
凤	（名）	fèng	6
夫妇	（名）	fūfù	7
福	（名）	fú	7
腹泻	（动）	fùxiè	10
腹	（名）	fù	10
富有	（动、形）	fùyǒu	1
附近	（名）	fùjìn	4

G

干	（动）	gàn	1
感动	（动）	gǎndòng	2
刚才	（名）	gāngcái	4
高尔夫球	（名）	gāo'ěrfūqiú	5
隔	（动）	gé	7
个子	（名）	gèzi	8
各	（代）	gè	3
羹	（名）	gēng	6
贡献	（动、名）	gòngxiàn	3
共	（副）	gòng	1
姑姑	（名）	gūgu	7
古迹	（名）	gǔjì	3
挂	（动）	guà	7
拐	（动）	guǎi	9
关于	（介）	guānyú	3

关照	（动）	guānzhào	5
观念	（名）	guānniàn	8
管	（动）	guǎn	8
广播	（动、名）	guǎngbō	1
果汁儿	（名）	guǒzhīr	6
过	（助）	guo	3
过	（名）	guò	4
过去	（名）	guòqù	8

H

汗	（名）	hàn	6
号码	（名）	hàomǎ	2
和平	（名、形）	hépíng	9
合影	（名、动）	héyǐng	7
盒儿	（名、量）	hér	4
红绿灯	（名）	hónglǜdēng	9
后面	（名）	hòumian	2
湖	（名）	hú	3
虎	（名）	hǔ	6
护士	（名）	hùshi	10
花园	（名）	huāyuán	10
划	（动）	huá	3
话题	（名）	huàtí	8
环	（量）	huán	9
火车	（名）	huǒchē	3

J

鸡	（名）	jī	6
几乎	（副）	jīhū	5

急	（形）	jí	8
急性	（形）	jíxìng	10
急诊室	（名）	jízhěnshì	10
寂寞	（形）	jìmò	10
记得	（动）	jìde	5
既…又…		jì…yòu…	5
既…也…		jì…yě…	9
纪律	（名）	jìlǜ	9
家务	（名）	jiāwù	8
假日	（名）	jiàrì	3
间	（量）	jiān	7
间	（名）	jiān	9
检查	（动）	jiǎnchá	10
建筑	（动、名）	jiànzhù	5
将	（副）	jiāng	1
讲座	（名）	jiǎngzuò	1
交通	（名）	jiāotōng	9
狡辩	（动）	jiǎobiàn	4
饺子	（名）	jiǎozi	1
接受	（动）	jiēshòu	2
结账		jié zhàng	6
戒	（动）	jiè	4
紧	（形）	jǐn	2
舅舅	（名）	jiùjiu	7
舅妈	（名）	jiùmā	7
举行	（动）	jǔxíng	2
决定	（动、名）	juédìng	4

K

咖啡	（名）	kāfēi	1
开演	（动）	kāiyǎn	6
看望	（动）	kànwàng	9
烤鸭	（名）	kǎoyā	3
烤	（动）	kǎo	3
棵	（量）	kē	10
颗	（量）	kē	10
科	（名）	kē	10
可	（副）	kě	5
可口可乐	（名）	kěkǒukělè	6
渴	（形）	kě	9
课本	（名）	kèběn	8
客人	（名）	kèren	2
客厅	（名）	kètīng	7
口袋	（名）	kǒudai	9
哭	（动）	kū	8
苦	（形）	kǔ	10
困	（形）	kùn	9

L

拉	（动）	lā	8
辣	（形）	là	5
浪漫	（形）	làngmàn	1
姥姥	（名）	lǎolao	7
姥爷	（名）	lǎoye	7
离婚	（动）	lí hūn	4
里面	（名）	lǐmian	2
利于	（动）	lìyú	10

俩	（数）	liǎ	3
连…也/都…		lián…yě/dōu…	6
连忙	（副）	liánmáng	2
良好	（形）	liánghǎo	10
良	（形）	liáng	10
灵	（形）	líng	4
留	（动）	liú	3
留步	（动）	liúbù	2
龙	（名）	lóng	6
路口	（名）	lùkǒu	9
路线	（名）	lùxiàn	9
旅游	（动）	lǚyóu	3

M

麻	（形、动）	má	6
马	（名）	mǎ	3
马路	（名）	mǎlù	9
马上	（副）	mǎshàng	7
骂	（动）	mà	8
嘛	（助）	ma	10
满	（形、动、副）	mǎn	6
满意	（动、形）	mǎnyì	6
满足	（动、形）	mǎnzú	1
盲肠炎	（名）	mángchángyán	10
盲肠	（名）	mángcháng	10
矛盾	（动、名）	máodùn	8
冒	（动）	mào	1
美食家	（名）	měishíjiā	5

	美	（形）	měi	5
	美味佳肴		měi wèi jiā yáo	5
	门诊部	（名）	ménzhěnbù	10
	梦	（动、名）	mèng	7
	面条儿	（名）	miàntiáor	1
	名儿	（名）	míngr	5
	名片	（名）	míngpiàn	2
	名胜	（名）	míngshèng	3
	命	（名）	mìng	9
	摸	（动）	mō	9
	木	（名、形）	mù	10
N	拿…来说		ná…lái shuō	5
	拿手	（形）	náshǒu	6
	哪	（助）	na	1
	南面	（名）	nánmian	2
	男人	（名）	nánrén	8
	内科	（名）	nèikē	10
	内	（名）	nèi	10
	牛	（名）	niú	6
	女人	（名）	nǔrén	8
P	排球	（名）	páiqiú	5
	派	（动）	pài	9
	盘	（名、量）	pán	6
	胖	（形）	pàng	1
	陪	（动）	péi	7

批评	(动)	pīpíng	2
品尝	(动)	pǐncháng	5
聘请	(动)	pìnqǐng	1
乒乓球	(名)	pīngpāngqiú	5
平等	(形)	píngděng	8
平时	(名)	píngshí	9
铺	(动)	pū	7
葡萄酒	(名)	pútaojiǔ	6
葡萄	(名)	pútao	6

Q

沏	(动)	qī	7
气功	(名)	qìgōng	7
气管炎	(名)	qìguǎnyán	8
气管	(名)	qìguǎn	8
汽水儿	(名)	qìshuǐr	6
千万	(副)	qiānwàn	9
谦虚	(形)	qiānxū	1
前面	(名)	qiánmian	2
前年	(名)	qiánnián	3
亲人	(名)	qīnrén	10
青菜	(名)	qīngcài	6
青	(形)	qīng	6
清淡	(形)	qīngdàn	5
轻松	(形)	qīngsōng	2
去年	(名)	qùnián	3
去世	(动)	qùshì	4
全家福	(名)	quánjiāfú	7
拳	(名)	quán	10

R

热闹	（形）	rènao	7
人生	（名）	rénshēng	3
日报	（名）	rìbào	2
肉	（名）	ròu	5

S

伞	（名）	sǎn	1
散	（动）	sàn	2
山山水水	（名）	shānshānshuǐshuǐ	3
上面	（名）	shàngmian	2
稍	（副）	shāo	6
蛇	（名）	shé	5
设计	（动、名）	shèjì	5
婶子	（名）	shěnzi	7
生	（动）	shēng	9
生气		shēng qì	4
诗	（名）	shī	1
诗人	（名）	shīrén	1
食	（名）	shí	5
食品	（名）	shípǐn	3
实现	（动）	shíxiàn	3
实在	（副、形）	shízài	3
收音机	（名）	shōuyīnjī	7
手术	（动、名）	shǒushù	10
输	（动）	shū	1
书法	（名）	shūfǎ	1
书房	（名）	shūfáng	7

叔叔	（名）	shūshu	4
熟	（形）	shú	2
树林	（名）	shùlín	10
树	（名）	shù	10
数学	（名）	shùxué	8
顺	（介）	shùn	9
说不定		shuō bu dìng	4
思想	（名）	sīxiǎng	8
丝儿	（名）	sīr	6
四合院	（名）	sìhéyuàn	7
四世同堂		sì shì tóng táng	7
俗话	（名）	súhuà	2
算	（动）	suàn	8
岁数	（名）	suìshu	7

T

它	（代）	tā	8
汤	（名）	tāng	6
糖	（名）	táng	4
躺	（动）	tǎng	7
特色	（名）	tèsè	1
体重	（名）	tǐzhòng	4
天使	（名）	tiānshǐ	10
添	（动）	tiān	9
甜	（形）	tián	4
铁路	（名）	tiělù	4
听	（量）	tīng	6
挺	（副）	tǐng	1

	同志	（名）	tóngzhì	4
	偷	（动、副）	tōu	4
	推	（动）	tuī	8
W	外科	（名）	wàikē	10
	外面	（名）	wàimian	2
	碗	（名、量）	wǎn	6
	晚报	（名）	wǎnbào	2
	网球	（名）	wǎngqiú	5
	伪劣	（形）	wěiliè	4
	为了	（介、连）	wèile	4
	味道	（名）	wèidao	5
	胃	（名）	wèi	10
	闻名	（动）	wénmíng	5
	卧室	（名）	wòshì	4
	无轨	（形）	wúguǐ	4
	物理	（名）	wùlǐ	8
X	西面	（名）	xīmian	2
	吸	（动）	xī	4
	稀	（形）	xī	2
	喜糖	（名）	xǐtáng	4
	喜	（形、动、名）	xǐ	4
	系统	（形、名）	xìtǒng	1
	下面	（名）	xiàmian	2
	鲜	（形）	xiān	10
	现代	（名）	xiàndài	1
	相信	（动）	xiāngxìn	8

小吃	（名）	xiǎochī	5
小心	（动）	xiǎoxīn	9
蝎子	（名）	xiēzi	5
泻	（动）	xiè	10
新闻	（名）	xīnwén	1
信	（动）	xìn	8
行李	（名）	xíngli	7
…性		…xìng	10
熊猫	（名）	xióngmāo	3
许	（动）	xǔ	5
许多	（形）	xǔduō	3
学问	（名）	xuéwen	5
雪碧	（名）	xuěbì	6

Y

鸭子	（名）	yāzi	3
烟	（名）	yān	4
严	（形）	yán	8
沿	（介）	yán	3
眼前	（名）	yǎnqián	1
眼	（名、量）	yǎn	1
眼睛	（名）	yǎnjing	1
邀请	（动、名）	yāoqǐng	2
要命	（动）	yàomìng	9
要死	（动）	yàosǐ	9
钥匙	（名）	yàoshi	9
一般	（形）	yìbān	8
一块儿	（副、名）	yíkuàir	5

一手儿	（名）	yìshǒur	8
一直	（副）	yìzhí	2
姨	（名）	yí	7
姨父	（名）	yífu	7
以为	（动）	yǐwéi	4
因此	（连）	yīncǐ	9
赢得	（动）	yíngdé	1
赢	（动）	yíng	1
影响	（动、名）	yǐngxiǎng	4
悠久	（形）	yōujiǔ	1
优美	（形）	yōuměi	10
由	（介）	yóu	1
游	（动）	yóu	3
油	（名）	yóu	5
游览	（动）	yóulǎn	3
有的	（代）	yǒude	8
有害	（动）	yǒuhài	4
有名	（形）	yǒumíng	3
右面	（名）	yòumian	2
鱼	（名）	yú	5
羽毛球	（名）	yǔmáoqiú	5
原来	（副、形）	yuánlái	1
愿望	（名）	yuànwàng	3
院	（名）	yuàn	1
院子	（名）	yuànzi	7
允许	（动）	yǔnxǔ	5
运动场	（名）	yùndòngchǎng	9
运动	（动、名）	yùndòng	5

Z

在	（副）	zài	1
赞扬	（动）	zànyáng	1
增长	（动）	zēngzhǎng	5
增加	（动）	zēngjiā	4
炸	（动）	zhá	5
站	（动）	zhàn	2
站	（名、量）	zhàn	7
长	（动）	zhǎng	1
账	（名）	zhàng	6
招生		zhāo shēng	1
珍惜	（动）	zhēnxī	2
争取	（动）	zhēngqǔ	2
正好	（副、形）	zhènghǎo	5
政府	（名）	zhèngfǔ	5
证书	（名）	zhèngshū	2
…之一		…zhī yī	5
止	（动）	zhǐ	10
治	（动）	zhì	6
治疗	（动）	zhìliáo	10
中	（名）	zhōng	2
种	（动）	zhòng	9
重要	（形）	zhòngyào	8
猪	（名）	zhū	6
主讲	（动）	zhǔjiǎng	1
主食	（名）	zhǔshí	6
祝贺	（动）	zhùhè	7
住院		zhù yuàn	9

抓	（动）	zhuā	2
转	（动）	zhuàn	4
子	（名）	zǐ	8
综合	（动）	zǒnghé	3
足迹	（名）	zújì	3
遵守	（动）	zūnshǒu	9
左面	（名）	zuǒmian	2
做客		zuò kè	2
做主		zuò zhǔ	8
做梦		zuò mèng	7

专名 Proper nouns

A
埃及	Āijí	3
澳大利亚	Àodàlìyà	3

B
北京晚报	Běijīng Wǎnbào	2

C
长城	Chángchéng	3
陈文山	Chén Wénshān	1
川	Chuān	5

D
大洋洲	Dàyángzhōu	3

F
非洲	Fēizhōu	3
复兴门	Fùxīngmén	9

G
高敏	Gāo Mǐn	9
高英	Gāo Yīng	1
故宫	Gùgōng	3

| 广东 | Guǎngdōng | 5 |
| 桂林 | Guìlín | 3 |

H

| 汉语水平考试 | Hànyǔ Shuǐpíng Kǎoshì | 2 |
| 和平门 | Hépíngmén | 9 |

J

| 加拿大 | Jiānádà | 3 |
| 景山 | Jǐngshān | 5 |

K

| 昆明湖 | Kūnmíng Hú | 3 |

L

立春	Lìchūn	7
立秋	Lìqiū	7
刘江	Liú Jiāng	9
鲁	Lǔ	5

M

| 马可·波罗 | Mǎkě Bōluó | 3 |
| 美洲 | Měizhōu | 3 |

O

| 欧洲 | Ōuzhōu | 5 |

R

| 人民日报 | Rénmín Rìbào | 2 |

S

山东	Shāndōng	5
世界公园	Shìjiè Gōngyuán	3
水上公园	Shuǐshàng Gōngyuán	3
四川	Sìchuān	5

T

| 天坛 | Tiāntán | 5 |

X

西湖	Xī Hú	3
西直门	Xīzhímén	9
新疆	Xīnjiāng	3

Y

| 亚洲 | Yàzhōu | 3 |
| 杨静 | Yáng Jìng | 7 |

语法索引（第1册—第4册）
Index of grammar (Book 1-Book 4)

B

"把"字句（1）	4-8
"把"字句（2）	4-9
百以内称数法	2-2

C

程度补语（1）	3-3
程度补语（2）	4-9
充当主语的成分	4-10
存在句（1）	2-8
存在句（2）	4-7

D

"的"字结构	2-8
动词重叠（1）	2-9
动词重叠（2）	4-4
动量补语（1）	2-7
动量补语（2）	4-3
动态助词"过"	4-3
动态助词"了$_1$"（1）	3-6
动态助词"了$_1$"（2）	4-4
动态助词"了$_2$"（1）	3-3
动态助词"了$_2$"（2）	3-4
动态助词"了$_2$"（3）	4-3
动态助词"着"（1）	4-2
动态助词"着"（2）	4-7
动作行为的进行（1）	4-1
动作行为的进行（2）	4-2
短语的类型	2-10
多项定语的排列顺序	3-10

F

方位表达法	2-8

J

结构助词"得"	2-6
结构助词"的"	2-4
结构助词"地"	4-1
结果补语（1）	3-4

L
领有句	2-2

M
名词谓语句	3-1

Q
钱数表达法	3-3	趋向补语（3）	3-8
趋向补语（1）	3-6	趋向补语（4）	3-9
趋向补语（2）	3-7		

R
日期表达法	3-2

S
"是"字句	2-1	时量补语（2）	4-6
"是……的"句（1）	4-4	是非疑问句（1）	2-1
"是……的"句（2）	4-6	是非疑问句（2）	3-2
时量补语（1）	3-8		

T
特指疑问句	2-2

X
形容词谓语句	2-3	选择疑问句	2-4
形容词重叠	4-4		

结果补语（2)   4-1   句子成分   2-5
结果补语（3)   4-2   句子的语用类型 3-5

Y

一百以上的称数法	3-2
意义上的被动句	2-6
隐现句	3-7
用"呢"的省略疑问句	3-1
语气助词"了"	2-8

Z

"…着…着"	4-8
正反疑问句（1）	2-3
正反疑问句（2）	2-9
钟点儿表达法	3-1
主谓谓语句（1）	3-2
主谓谓语句（2）	3-8
主谓谓语句（3）	3-9
状态补语	2-6